Karl-Theodor zu Guttenberg im Alter von sieben Jahren mit einem Maikäfer.

Drei Mal Guttenberg: Karl-Theodor mit Bruder Philipp vor der familieneigenen Burg 1980.

Der zehnjährige Karl-Theodor während einer Bergtour mit Vater und Bruder.

Den Papagei bekam der elfjährige Karl-Theodor zu Weihnachten. Er fiel später dem Familien-hund zum Opfer.

Drei Barone mit Budweiser: Philipp, Enoch und Karl-Theodor zu Guttenberg auf dreiwöchiger Campingreise in Kanada 1994.

Stephanie und Karl-Theodor zu Guttenberg auf ihrem Verlobungsfoto, Juli 1999.

Verschnaufpause nach einem Wahlkampftermin im August 2009: Der Wirtschaftsminister mit Frau Stephanie auf einer Bank unterhalb des Schlosses mit Hund Scotch.

Ohne Bindestrich: Der Großvater Karl Theodor Freiherr zu Guttenberg im Deutschen Bundestag in Bonn 1966. Im Hintergrund Bundeskanzler Ludwig Erhard, auf den sich der Enkel als Wirtschaftsminister häufig bezieht.

In den Fußstapfen des Großvaters: Der 30-jährige Karl-Theodor zu Guttenberg tritt im April 2002 als CSU-Direktkandidat im Wahlkreis Kulmbach für den Bundestag in Berlin an.

Anna von Bayern
Karl-Theodor zu Guttenberg

ANNA VON BAYERN

KARL-THEODOR ZU GUTTENBERG
ARISTOKRAT, POLITSTAR, MINISTER

Fackelträger

FSC

Mix

Produktgruppe aus vorbildlich
bewirtschafteten Wäldern und
anderen kontrollierten Herkünften

Zert.-Nr.GFA-COC-001278
www.fsc.org
© 1996 Forest Stewardship Council

2. Auflage
© 2010 Fackelträger Verlag GmbH, Köln
Alle Rechte vorbehalten
Grafisches Konzept, Gestaltung und Satz: Bild1Druck GmbH, Berlin
Gesamtherstellung: VEMAG Verlags- und Medien AG, Köln
Printed in Germany

ISBN 978-3-7716-4453-6

www.fackeltraeger-verlag.de

INHALT

VORWORT

Im Berliner Nachtleben ist zwei Uhr früh noch eine zahme Zeit. In dieser kalten Januarnacht steht nur eine kleine Traube Menschen vor dem unscheinbaren Hauseingang, hinter dem ein angesagter Techno-Schuppen liegen soll. So genau wissen wir das nicht, denn wir waren noch nie hier. Von uns versteht sowieso nur einer was von Techno – und das ist KT. Der ist vor zwei Monaten Generalsekretär der CSU geworden und hat als solcher ziemlich viel um die Ohren. Heute ist er umso mehr in Partylaune.

Wir sind zu früh, also uncool, und in schwarzen Kleidern, Jeans und korrekt gebügelten Hemden auch noch falsch angezogen. Eigentlich hatten wir – zwei Ehepaare, alte Freunde – nur gemeinsam essen wollen. Aber weil wir lange nicht mehr aus waren, zog es uns weiter. Wir warten schon zwanzig Minuten, Stephanie tritt von einem Fuß auf den anderen. Vor uns in der Schlange stehen zwei zarte Jünglinge mit kahl geschorenen Schädeln, die ihr Bestes tun, uns nach abfälliger Musterung zu ignorieren. Hinter uns zwei Mädels, von denen das eine ein Transvestit sein könnte. »Kein typisches CSU-Publikum«, stellt KT fest.

Es fängt an zu nieseln, als wir an der Tür zum Casting antreten müssen. Der Türsteher mit Lippenpiercings, die wie Reißzähne aussehen, winkt uns gnädig, fast mitleidig durch. Die Musik wummert uns entgegen. Wir schieben uns an einer Gruppe verschwitzter Mädels vorbei zur Bar und bestellen Bier. Dann tanzen wir, ziemlich lange. So als wüssten wir, dass dies das letzte Mal ist, dass das so möglich ist.

Aber natürlich können wir das nicht wissen. Und hätte uns jemand in dieser Nacht gesagt, welches Abenteuer auf die Guttenbergs in den folgenden Monaten zukommen würde, hätte das für uns nach ziemlichem Humbug geklungen. Da wird also ein sehr junger Politiker ohne nennenswerte wirtschaftspolitische Erfahrung durch eine Verkettung unvorhersehbarer Umstände über Nacht zum jüngsten Wirtschaftsminister in der Geschichte der Bundesrepublik. Auch in gewöhnlichen Zeiten ist das eine gigantische Aufgabe, doch jetzt, mitten in der größten Wirtschaftskrise, die das Land je erlebt hat, liegt sein Ressort im Auge des Sturms. Um es erfolgreich zu prägen, hat er nicht etwa eine Legislaturperiode, sondern nur knappe acht Monate. In seiner ersten großen Bewährungsprobe, dem Fall Opel, kann er sich nicht durchsetzen und tritt fast zurück. Doch anstatt danach um sein politisches Überleben kämpfen zu müssen, wird er innerhalb weniger Wochen zum beliebtesten Politiker Deutschlands und zum größten Wahlkampfmagneten der Union. Und nicht einmal eine Affäre im neuen Amt kann seiner Beliebtheit dann noch Abbruch tun. Nein, hätten wir und KT als Erster gesagt und herzlich gelacht, die Story klinge ein bisschen zu wild.

Doch zu wild ist der Realität bekanntlich nichts. Als Begleiterin und Beobachterin seiner Wahlkämpfe sowie als Redakteurin der Bild am Sonntag hatte ich Gelegenheit, die bisherige Geschichte des Dr. Karl-Theodor Freiherr zu Guttenberg aus der Nähe zu erleben. In den Betrachtungen geht es mir nicht nur um den spektakulären Beginn eines politischen Raketenstarts, sondern auch um den Menschen zu Guttenberg. Was steckt hinter dem Popstar der deutschen Politik? Inwieweit ist sein Erfolg symptomatisch für ihre grundsätzlichen Veränderungen? Was sagt seine Popularität über die Gesellschaft, in der wir leben? Oder wie der Kabarettist Helmut Schleich über Guttenberg sagte: »Wenn das die Hoffnung ist, wie sieht dann Verzweiflung aus?«

Doch dies ist keine Abrechnung. Es ist selbstredend auch keine politische Biografie, die über einen Mann von 38 Jahren zu schreiben im wahrsten Sinne des Wortes vermessen wäre. Auch deshalb stieß dieses Buchprojekt beim Minister selbst auf wenig Begeisterung. Ich habe hierfür kein Interview mit ihm geführt. Meine Quellen sind eine Vielzahl von Gesprächen mit Beobachtern, Zeitzeugen und Anwesenden bei den erwähnten Schlüsselszenen. Bei vielen war ich selbst zugegen. Die Anmerkungen verweisen auf Artikel aus Zeitungen und Zeitschriften. Da es noch keine prall gefüllten Archive über Guttenberg gibt, erübrigt sich eine Bibliografie.

Mein Ziel mit diesem Buch ist eine Annäherung an einen ziemlich jungen Spitzenpolitiker, der Freunde und Gegner gleichermaßen fasziniert und der als Gegenentwurf zur derzeit herrschenden Generation der Politfunktionäre gelten darf. Ich möchte die Gelegenheit bieten, seine steile Karriere ein Stück zu begleiten, den Hype um ihn nicht nur nachzuvollziehen, sondern auch mitzuerleben; zu erfahren, warum er bei der vermeintlichen Opel-Rettung stur blieb und in der Kundus-Affäre seine ersten bedeutenden Fehler beging; warum er im Wahlkampf dreimal am Tag das Hemd wechselt und Raststättenklos ohne Drehkreuz bevorzugt.

Was er mir als Erstes sagte, nachdem er als Bundeswirtschaftsminister vereidigt worden war, verrate ich schon jetzt: »Ich bin froh, dass wir vorher noch mal richtig ausgegangen sind!«

München, im April 2010
Anna von Bayern

KAPITEL 1

ÜBERRASCHUNGSSIEGER

Als die Käsewürfel und Weintrauben ausgehen, sinkt auch die Stimmung im Kleinen Kabinettsaal des Kanzleramts auf ungefähr null. Das ist immer noch besser als minus 19 Milliarden, die Bilanz des Automobilriesen General Motors, bei dem die Insolvenz unmittelbar bevorsteht. Damit die deutsche Unternehmenstochter Opel und ihre 25 000 Beschäftigten dadurch nicht in Mitleidenschaft gezogen werden, muss eine Lösung her. Und zwar sofort.

Schon vorgestern musste man sich hier bis halb fünf Uhr früh die Nacht um die Ohren schlagen, um dann unverrichteter Dinge nach Hause zu gehen und in den Medien zu lesen, »Warum der Opel-Gipfel als Desaster endete«[1]. Ja, warum eigentlich? Hauptsächlich weil nicht geklärt werden konnte, ob und wie man Opel einen Notkredit von 1,8 Milliarden Euro geben kann, ohne dass sich der Mutterkonzern in den USA davon bedient. Und weil keiner der drei potenziellen Investoren ein überzeugendes Konzept vorlegen konnte.

Seitdem hat die Regierung, allen voran Bundeskanzlerin Angela Merkel, Vizekanzler Frank-Walter Steinmeier, Finanzminister Peer Steinbrück und die Ministerpräsidenten der Länder mit Opel-Standorten, fieberhaft weiter an der Opel-Rettung gewerkelt. Merkel hat am Nachmittag bei US-Präsident Barack Obama angerufen und ihm ihr Leid geklagt, Steinmeier hat mit seiner Amtskollegin Hillary Clinton gesprochen. Perfekt ist der kanadische Autozulieferer Magna als Investor nicht, aber Merkel findet ihn »alternativlos«. Es gibt eben Dinge, die gehen in der Politik nicht. Zum Beispiel ein so großes Traditionsunternehmen wie Opel vier Monate vor der Bundestagswahl in die Insolvenz zu schicken. Das muss verhindert werden an diesem 29. Mai 2009, da sind sich alle einig. Alle – bis auf Bundeswirtschaftsminister Karl-Theodor zu Guttenberg. Der hatte sich bis zuletzt für die Insolvenz des Unternehmens starkgemacht. Und auch jetzt will er keine Ruhe geben. Er denkt gar nicht daran.

Die anderen Teilnehmer des Gipfels sind genervt von dem Kabinettsneuling. »Planinsolvenz: Was soll das denn überhaupt sein?«, greift Hessens Ministerpräsident Roland Koch ihn scharf an.[2] Guttenberg sagt, er halte den Einstieg des Investors Magna bei Opel weiterhin für »nicht tragfähig«, er werde die Lösung deshalb »nicht mittragen«. Magna übernehme null Risiko, das Ausfallrisiko für den Steuerzahler sei aber sehr hoch. Er warnt wieder »vor einem Weg in die Erpressbarkeit«.[3] Jetzt ist die Stimmung längst unter dem Gefrierpunkt. Es gibt nur noch Salzstangen, und es wird immer noch kein Wein serviert. Koch schüttelt den Kopf über Guttenberg. Der sei noch feucht hinter den Ohren, wird er später klagen, und wisse ja gar nicht, was er der Kanzlerin antue.[4] Die lässt Guttenberg dann auch noch auflaufen. Als er immer neue Fragen zum Magna-Konzept aufwirft, sagt sie, eigentlich habe man von ihm als Wirtschaftsminister Antworten auf diese Fragen erwartet.[5]

Da geht Guttenberg, nicht einmal vier Monate im Amt, bis zum Äußersten. Er bietet seinen Rücktritt an. Keiner der Anwesenden zweifelt daran, dass es ihm damit ernst ist, sagt ein Teilnehmer später. Auch die Kanzlerin spürt, dass es sich nicht um eine leere Drohung handelt. So kurz vor der Wahl noch einen Wirtschaftsminister zu verlieren, das kann sie sich nun wirklich nicht leisten. Es würde als Offenbarungseid ihres ohnehin in der Kritik stehenden Krisenmanagements gewertet werden. Deshalb muss heute Nacht ein Erfolg her, und Guttenberg muss sich fügen. Die Kanzlerin redet auf ihn ein. Schließlich sagt er, er werde die Mehrheitsentscheidung mittragen. Aber: »Ich werde klarstellen, dass ich dagegen bin.«[6]

Es könne aber nicht sein, dass die Regierung am kommenden Tag im Bundestagshaushaltsausschuss zwei Meinungen präsentiere, sagt Steinmeier. »Keine Sorge«, erwidert Merkel. Steinmeier setzt die Regierungssprachregelung durch. Demnach habe Guttenberg zwar »persönliche Bedenken«, er werde die »gemeinsame Lösung« aber mittragen und sich »aktiv an der Umsetzung beteiligen«.[7]

Das hat Guttenberg auch seinem Sprecher Steffen Moritz, der draußen bei der Presse wartet, per SMS mitgeteilt. Moritz kennt noch nicht alle Einzelheiten, doch er hält das Vorhaben seines Chefs für riskant. Wie kann der Wirtschaftsminister sich von einer Entscheidung distanzieren, die er nicht nur mittragen, sondern auch noch mit umsetzen muss? Läuft er damit nicht Gefahr, so zu wirken, als stehe er nicht zu seinen Überzeugungen, als drehe er seine Fahne nach dem Wind der Mehrheit? Kommunikationstechnisch ist das eine brandgefährliche Gratwanderung.

Um kurz nach zwei Uhr am Samstagmorgen wollen Guttenberg, Koch und Finanzminister Peer Steinbrück vor die Kameras treten. Beim Verlassen des Kanzleramts wird Guttenberg nahegelegt, sich gegenüber der Presse besser zurückzunehmen.[8] Die drei laufen zu den ungefähr vierzig Journalisten, die in der kalten Nacht vor dem Kanzleramt warten. Moritz kommt seinem Chef entgegen. Auf den wenigen Metern, die ihm bleiben, will er noch einmal mit dem Minister über das anstehende Statement sprechen. Doch der weiß bereits, was er sagen will. Steinbrück darf die große Rettung verkünden. Als Koch spricht, steht Guttenberg hinter ihm. Er lächelt, wirkt seelenruhig, doch fest entschlossen.

Dann tritt Guttenberg an die Mikrofone und tut etwas für einen Politiker höchst Ungewöhnliches: Er gesteht nichts Geringeres als seine Niederlage ein. »Es ist eine schwierige Risikoabwägung gewesen und eine, die mich zu einem anderen Schluss gebracht hat«, sagt er über die Entscheidung für Magna und den staatlichen Notkredit. Es sind diese Worte, die Guttenberg zum »Liebling Krise« machen werden.[9] Doch das ist jetzt nicht abzusehen. Wenn das mal gut geht, denkt Moritz.

Einige sind überzeugt, Guttenberg habe sich mit diesem Satz sein eigenes politisches Grab geschaufelt, und schaufeln nun fleißig mit. Weil sein Rücktrittsangebot noch nicht publik ist, wird es, um Guttenberg maximal zu schaden, von zwei Ministerpräsidenten an die Presse gestreut. Die Rechnung beruht auf dem kleinen Einmaleins des klassischen politischen Geschäfts. Danach hat sich jemand, der den angedrohten Rücktritt nicht durchzieht, selbst kastriert. Seine Überzeugungen sind ihm offensichtlich nicht so viel wert wie sein politisches Amt. Auch wenn Guttenberg den Rücktritt nicht angedroht, sondern lediglich angeboten hat, bleibt die Frage, wie er glaubwürdig ein Konzept umsetzen kann, hinter dem er nicht steht. Und hat Merkel ihn nicht sowieso mit der Missbilligung seines Standpunktes komplett demontiert? Das jedenfalls ist der gefährliche Spin, der nun gezielt von Gipfelteilnehmern lanciert wird.

Auf sein Rücktrittsangebot angesprochen, möchte Guttenberg es am nächsten Tag nur indirekt bestätigen: »Die Brücke für mich war, dass die gesamte Bundesregierung zu einer Gesamteinschätzung gekommen ist. In diese Einschätzung ist meine abweichende Haltung mit eingeflossen.« Es komme nun auf eine vernünftige Umsetzung der Ergebnisse an. »Daran werde ich mich verantwortungsvoll beteiligen.«

Der Minister gibt dann nicht etwa Ruhe, sondern zieht den Balanceakt, zu dem er sich entschlossen hat, konsequent durch. »Ich habe eine andere Risikoeinschätzung als die an den Opel-Verhandlungen beteiligten Kollegen«, teilt er am Morgen mit. »Ich konnte daher dem Magna-Konzept bis zuletzt nicht zustimmen und habe eine Planinsolvenz als Neustart für Opel vorgezogen.« Und auch in den folgenden Tagen wiederholt er immer wieder in knappen Sätzen, dass er die Planinsolvenz als Neustart für Opel vorgezogen hätte. Und diese Nachricht kommt bei den Leuten an.

Die ersten wohlmeinenden Artikel gibt es bereits am Sonntag. »Auch die Mehrheit kann sich irren«, zitiert Michael Backhaus in der *Bild am Sonntag* Richard von Weizsäcker. In der folgenden Woche hagelt es in der Berichterstattung in seltener Einigkeit Lob für Guttenberg. Guttenberg habe recht und sei »vom Jüngling zum Mann gereift«, lobt die *Süddeutsche Zeitung*. Die *FAZ* fragt rhetorisch: »Gab es jemals einen Politiker, der nach hundert Tagen sein Gesellenstück abliefern musste?« Die Probe seines Könnens sei ihm gelungen, »weniger vielleicht in ökonomischer, wohl aber in politisch-handwerklicher Sicht«. Auch die *Welt am Sonntag* hat neuen Respekt vor Guttenberg. Er habe immer etwas altklug gewirkt, wenn er Ludwig Erhard zitiert habe, so das Blatt. »Jetzt, nach der denkwürdigen Nacht im Kanzleramt, hatte seine Botschaft ein ganz anderes Gewicht.« Die CSU bekundet ihre Unterstützung für Guttenberg, der wirtschaftsliberale Flügel der Union feiert ihn als »neuen Friedrich Merz«.

Auch von den Menschen im Land spürt Guttenberg die Zustimmung. Er bekommt Sympathie für seine Standhaftigkeit, seinen offenen Umgang mit seiner Niederlage und vielleicht auch die zusätzliche Sympathie für den Unterlegenen. Im ARD-Deutschlandtrend legt er bei der Frage nach der Zufriedenheit mit seiner politischen Arbeit gleich um zehn Punkte zu. Mit 61 Prozent liegt er damit nicht weit hinter Kanzlerin Angela Merkel und Vizekanzler Frank-Walter Steinmeier. Dass er »genau weiß, was er will«, glauben sogar drei Viertel aller Wähler – bei Merkel stimmen dieser Aussage 72 Prozent zu, bei Steinmeier 66 Prozent.[10] Dann, zwei Wochen nach der Opel-Nacht, schießt Guttenberg laut ZDF-*Politbarometer* an Steinmeier vorbei und wird zum beliebtesten Minister Deutschlands.[11] Mit dem Wert 2,0 liegt er nur knapp hinter der Bundeskanzlerin. »Wähler lieben Wahrheit«, kommentiert die Bild am Sonntag.

Niemand hätte vorhersehen können, dass Guttenberg durch seine offensiv vertretene Niederlage in diesem Maße an Macht, Profil und Popularität gewinnen würde, auch er selbst nicht. Sein Verhalten in der Opel-Nacht und seine Kommunikation darüber sind exemplarisch für den Politiker und Menschen Karl-Theodor zu Guttenberg. Er hat klare, in diesem Fall marktwirtschaftliche Überzeugungen und ist bereit, für diese auch einzustehen. Er misstraut Populismus. Er ist bis an Unbelehrbarkeit grenzend stur. Er trifft impulsiv – wie hier mit dem Rücktrittsangebot – weitreichende Entscheidungen. Und er hat einen kreativen politischen Instinkt, mit dem er das Kunststück schafft, aus einer Niederlage entgegen den Erwartungen der

meisten Beobachter und Kollegen als alleiniger Sieger hervorzugehen.

Das gelingt auch deshalb, weil er glänzend kommuniziert. Er
ist wie gemacht für das heutige Fernsehformat: Mit angenehmer
Stimme und schön klingenden, leicht variierenden Sätzen wiederholt er immer und immer wieder vor den Kameras seinen
Standpunkt – und sieht dabei auch noch gut aus. Im Fall Opel
klingt das über Wochen so: »Es ist noch keinerlei Entscheidung
gefallen.« Oder: »Es muss eine sinnvolle Entscheidung geben, die
auf vernünftigen Maßstäben beruht.« Oder: »Wir werden überprüfen, wir werden bewerten, und auf der Grundlage dieser Bewertung wird sich das Ob und Wie einer weiteren Entscheidung
der Bundesregierung darstellen.«[12] Es geht bei Guttenberg nicht
um präzisen Inhalt, es geht um die Präsenz, seine visuelle Kontinuität.

Guttenberg, sagt der Chef des Meinungsforschungsinstituts
Emnid, Klaus-Peter Schöppner, sei der lebende Beweis dafür,
dass »Appearance«, also Auftreten und Erscheinung, in der Politik nach amerikanischem Vorbild immer wichtiger werde. Die
Leute sind der polternden Darsteller im politischen Geschäft
überdrüssig. Das ist ein Resultat der zunehmenden Medien-
kompetenz: Keiner glaubt mehr, dass das, was wir im Fernsehen
sehen, auch die Realität wiedergibt, also auch ohne die Kameras
stattfinden würde. Man möchte nichts mehr »vorgemacht« bekommen. Deshalb kommt die unaufgeregte Art von Merkel gut
an, deshalb hören die Leute gern Guttenberg zu.

Und natürlich geht es hier auch um eine Heldengeschichte.
Die Existenzberechtigung der Medien ist Aufmerksamkeit. Diesem Zweck dienen Geschichten mit starken Protagonisten in
möglichst schwierigen Konfliktsituationen. Die Opel-Geschichte
lässt sich hervorragend mythisierend darstellen.

Guttenberg gewinnt – wie hier im Fall Opel – auch dadurch, dass er mit alten Konventionen des politischen Handwerks bricht und dabei omnipräsent ist. Mit Blick auf seinen Erfolg als Symptom der Veränderung in der deutschen Politik ist es also nicht vermessen, auch vom Phänomen Guttenberg zu sprechen. Seine Souveränität bezieht er auch aus seinem familiären Hintergrund. Ein Aufsteiger, dem man den Aufstieg ansieht, weil er davon noch immer atemlos ist, kann niemals souverän wirken, sagt der Soziologe Pierre Bourdieu. Guttenberg ist ein Aufsteiger von oben. Sogar im wahrsten Wortsinne: von der Burg seines Namens hoch oben auf dem Berg im Ort seines Namens.

KAPITEL 2

MAKING-OF

Um es gleich vorweg zu nehmen: Die Geschichte von Karl-Theodor zu Guttenbergs Herkunft hat nicht den Spannungsfaktor eines Krimis. Seine Biografie wirkt einfach zu perfekt. Skelette sucht man in seinem Keller vergeblich. Nicht umsonst nennt ihn der *Spiegel* einen »wandelnden Vorwurf, eine Zumutung an Perfektion«. Mord, Totschlag, Trauer und Entsetzen gab es höchstens mal, als der Familienhund den grünen Papagei fraß, den der Minister als Elfjähriger zu Weihnachten bekommen hatte.

Dennoch ist es wichtig, Guttenbergs Hintergrund zu beleuchten, um zu erfahren, warum einer wie er sich die Mühsal des Politiker-Daseins überhaupt antut. Guttenberg, der in Ruhe ein mehr als angenehmes Leben führen könnte, wählt freiwillig eine Aufgabe, die Einsatz rund um die Uhr fordert und permanenten Stress mit Feind und Parteifreund gleichermaßen garantiert. Also warum? Weil Guttenberg Status und Vermögen nicht als Inhalt, sondern Verpflichtung empfindet. Und vielleicht auch weil mit seiner Herkunft ein Eigenheim mit zwei Kindern nicht als Lebensziel reicht.

So gesehen ist das kleine oberfränkische Örtchen Guttenberg mit seinen 568 Einwohnern nicht unschuldig an der Karriere des Ministers. Hier hat er schon als Jugendlicher Schirmherrschaftsvertretungen für seinen Vater übernommen. Hier hat er erstmals erfahren, wie er auf Menschen wirken kann. Das muss Lust gemacht haben auf mehr.

Guttenberg war ein verschlafenes Nest, bis der Namensträger Bundesminister wurde. Seitdem hat sich hier ein regelrechter Minister-Tourismus entwickelt. Im Sommer kämen an den Wochenenden Busse voller Leute, erzählt ein Einheimischer. Die liefen dann um das Schloss herum, unbeeindruckt von Absperrungen und geschlossenen Toren. Manche sprechen die Einwohner an, um sich zu erkundigen, wie denn die Familie des Ministers so sei. Wie sind sie denn so, die Barone von und zu?

Eine komische Frage für den Guttenberger, dem die Familie ganz selbstverständlicher Bestandteil des Ortes erscheint. Schließlich gibt es sie hier schon viel länger, als sich irgendjemand erinnern kann. Sie wird im Jahr 1158 erstmals urkundlich erwähnt, 1310 wird die Burg als Stammsitz erbaut. Fortan trägt sie, wie beim Adel üblich, ihren Herkunftsort als Namen. Die Familie und ihre Burg gehören genauso hierher wie die Kirche. Das Verhältnis zur kleinen Gemeinde ist geprägt von dieser unverkrampften Selbstverständlichkeit. Der zweite Bürgermeister Ulrich Rogen schwärmt davon, wie »einzigartig und harmonisch« das Verhältnis zur Familie ist. Das Trinkwasser darf die Gemeinde kostenlos von einer Quelle der Familie beziehen, der Kindergarten steht kostenlos auf einem Grundstück der Guttenbergs. Das neue Löschfahrzeug der freiwilligen Feuerwehr verdankt man unter anderem einer Spende des Ministervaters Enoch zu Guttenberg.[13]

Der ist Ehrenbürger des Ortes, und man darf davon ausgehen, dass auch sein älterer Sohn ein heißer Anwärter auf diesen Titel ist. Man ist hier mächtig stolz auf ihn. Bei der Bundestagswahl 2009 bekam er im Ort rekordverdächtige 80 Prozent der Stimmen.

Kurzum: Karl-Theodor zu Guttenberg ist hier so fest verwurzelt, wie man es nur sein kann. Feste Wurzeln sind einer grundlegenden Unabhängigkeit zuträglich. Guttenberg bedarf nicht der politischen Bühne, um wahrgenommen zu werden und zu wirken. Er war schon vorher wer und wird es auch nachher wieder sein. Vielleicht schützt das ein wenig vor der Sucht nach Macht und der damit einhergehenden Panik, sie zu verlieren, wie sie bei manchem Politiker zu beobachten ist. Man denke nur an Altkanzler Schröder, der sich nach der verlorenen Bundestagswahl 2005 in der ARD-Elefantenrunde standhaft weigerte zu akzeptieren, dass er nicht Bundeskanzler bleiben würde, und, darauf hingewiesen, Angela Merkel könne nun als Erste zu Koalitionsgesprächen einladen, konterte, man müsse doch »die Kirche im Dorf lassen«.

Es war den Eltern, Enoch Freiherr von und zu Guttenberg und Christiane Gräfin von und zu Eltz, ein Anliegen, ihren Sohn wie die vorangegangenen Generationen der Familie in der Heimat zu verwurzeln. Auch deshalb entscheiden sie gemeinsam, dass er und sein zwei Jahre jüngerer Bruder Philipp nach ihrer Scheidung beim Vater aufwachsen sollen. Karl-Theodor ist damals fünf Jahre alt. Sicherlich ist eine Scheidung nie der Idealfall, gerade in einer konservativen, katholischen Familie nicht. Doch die Mutter bleibt, während sie Leiterin des Auktionshauses Sotheby's in Frankfurt wird, in der Erziehung ihrer Söhne präsent und besucht Guttenberg häufig. Die Ferien verbringen die Kinder stets bei ihr. Sie habe ihre Erziehung genauso geprägt wie der Vater, sagen die Söhne heute.

Die Eltern, die beide neu heiraten und in diesen Beziehungen noch einmal je zwei Söhne bekommen, bleiben über die Jahre eng verbunden. Zwei wundervolle Mütter hätten ihm vier wundervolle Söhne gegeben, sagt Enoch zu Guttenberg. Bis heute treffen sie sich häufig mit allen Kindern und Enkeln. Sie seien eine richtige »Happy-Patchwork-Familie«, sagt auch Philipp zu Guttenberg.[14] Er und sein Bruder sprechen beide von einer glücklichen und schönen Kindheit, die durch ein liebendes, aber auch forderndes Elternhaus geprägt war.

Zum Vater entwickeln die Söhne ein besonders enges Verhältnis. Alle Zeit und Kraft, die Enoch zu Guttenberg neben der Arbeit hat, widmet er mit Hingabe seinen Söhnen. Erst als die beiden längst erwachsen und selbst verheiratet sind, heiratet auch der Vater zum zweiten Mal. Doch die ganze Kindheit und Jugend lang sind sie ein eingeschworenes Team. Sie unternehmen viele Reisen, machen Campingtrips und Reittouren. Wenn es geht, nimmt der Vater sie mit auf Tournee. Während seines Auftritts im Teatro Colón in Buenos Aires spielt er mit seinen Söhnen in der Pause hinter der Bühne Schwarzer Peter.[15] Konflikte werden sportlich geklärt. Die Frage, ob Heavy-Metal-Musik lauter sei oder doch das Requiem von Verdi, wird beim Besuch in einem klassischen Konzert entschieden. Verdi und der Vater gewinnen.[16]

Er achtet in der Erziehung auf gute Manieren und Stil. Bei Tisch wird angemessene Kleidung erwartet, Turnschuhe sind tabu. Der frühere Lateinlehrer Guttenbergs am Rosenheimer Ignaz-Günther-Gymnasium, Dieter Friedel, schwärmt noch heute von dessen feinen Umgangsformen, die »ganz sicher nicht bürgerlicher Art« waren. Amüsiert erzählt er, wie der junge Baron seine Frau damit einmal stark verunsicherte. Guttenberg war damals als Student zu Besuch bei seinem alten Lehrer. Jedes Mal, wenn Frau Friedel in die Küche lief, um noch etwas Kaffee oder Kuchen zu holen, stand der Baron ganz selbstverständlich auf und blieb so lange stehen, bis sie wieder Platz genommen hatte.

So hält es Guttenberg bis heute. Auch lässt er nach wie vor niemanden neben sich schwer tragen, ohne etwas abzunehmen. Bei einem Fototermin im Bundesverteidigungsministerium überredet er sogar den *Bild am Sonntag*-Fotografen Niels Starnick, ihm einen seiner Koffer mit der Fotoausrüstung abzugeben. Den schweren Alu-Koffer trägt er tapfer bis in sein Büro. Die Beamten staunen nicht schlecht: Einen Minister, der einem Fotografen die Koffer trägt, haben sie noch nie gesehen. Doch sie gewöhnen sich an den Anblick. Guttenberg trägt auch anderen Besuchern die Sachen. Er erfährt, dass das Eindruck macht.

Zu den Manieren gehört auch ein geschliffener Umgangston. Die Söhne müssen sich für Geschenke oder Einladungen stets schriftlich bedanken. Kein Minister korrespondiert wohl heute formvollendeter als Guttenberg. Seine Presseerklärungen waren schon in der Zeit als Bundestagsabgeordneter in Form und Anrede so höflich, dass er damit unter den Hauptstadtkorrespondenten für Gesprächsstoff sorgte. Als CSU-Generalsekretär verschickte er Weihnachtskarten, in denen dem handgeschriebenen Gruß einige gedruckte Zeilen vorgeschaltet waren: »In Zeiten, in denen Systeme in Frage stehen, Kulturbrüche behauptet und gewachsene Gesellschaftsformen bestritten werden, mag vieles wertlos erscheinen. Gesetze der Logik gestatten jedoch nicht die Wertlosigkeit von Werten – es wäre der Untergang. Freiheit und Eigenverantwortung dürfen auch Erschütterungen überdauern, ja sie müssen es. Selbst Regierungshandeln wird ohne Grundlagen bodenlos. Weihnachten darf daran erinnern.«[17] Manchem Empfänger wird nach der Lektüre erst einmal der Kopf geraucht haben. Er unterzeichnet stets mit »Ihr sehr ergebener«.

Über unzuverlässige Sprösslinge verzweifelte Eltern sollten die folgenden Absätze wegen Neidgefahr möglichst überspringen. Denn Enoch zu Guttenberg gelingt es früh, seine Söhne zu Verantwortungsbewusstsein zu erziehen, indem er ihnen vertraut. Wenn er abends aus dem Haus muss und sie bittet, um neun Uhr im Bett zu sein und das Licht auszumachen, dann kann er sich darauf verlassen, dass es so geschieht.[18] Wenn er sie ins Bett bringt, sprechen sie gemeinsam das Abendgebet. Jeden Sonntag geht es in die Kirche, allein schon »aus disziplinarischen Gründen«.[19] Dabei geht es dem Vater gar nicht darum, aus seinen Söhnen gläubige Christen zu machen. Er selbst bezeichnet sich als Atheist, weil er nicht an die Existenz Gottes oder das Leben nach dem Tod glauben kann, doch er liebt die alte Kirchenliturgie und das Evangelium.[20] Diese Liebe vermittelt er seinen Söhnen. Sie sollen einmal selbst entscheiden, ob sie glauben können und wollen. Doch um das tun zu können, müssen sie die Kirche zumindest kennenlernen, findet der Vater.

Karl-Theodor zu Guttenberg gibt als Minister an, »selbstverständlich« in schwierigen Situationen aus seinem Glauben Kraft zu schöpfen. Ob er also vor folgenreichen Entscheidungen bete? Nein, da verlasse er sich doch lieber auf seinen Verstand.[21] Er betet jedoch mit seinen Töchtern sowohl vor dem gemeinsamen Essen als auch vor dem Schlafengehen. Seine Frau und er wollen, dass der Glaube ein möglichst zwangloser und natürlicher Bestandteil des Familienlebens ist. Der sonntägliche Kirchenbesuch etwa ist gerade bei der stark begrenzten gemeinsamen Zeit für sie nicht mehr jede Woche zwingend.

Disziplin lernt der junge KT auch beim Sport und durch die Musik. Er spielt seit seinem dritten Lebensjahr Klavier und übt täglich, naturgemäß nicht immer mit Freude. Einmal setzt er sich tagelang nur widerwillig an den Flügel und klagt über

Schmerzen. Enoch zu Guttenberg denkt, der Sohn habe einfach keine Lust, zu üben. Erst Tage später stellt sich heraus, dass er sich im Stall den Unterarm gebrochen hat. Der Vater sagt, das mache er sich immer noch zum Vorwurf: »Dafür hat er einen gut.«

Als Junge verbringt Guttenberg seine Freizeit am liebsten im Stall. Er wird begeisterter Spring- und Dressurreiter und betreibt den Sport noch während des Studiums. Mutter Christiane fand den frühen Umgang mit Pferden wichtig: »Er ist ein begnadeter Reiter, das dämpft viel ab.« Das ist eine ihrer Erklärungen dafür, dass ihre Söhne nie pubertäre Revoluzzerphasen hatten. Nur einmal färbt sich der Jüngere die Haare gelb. Der Vater hatte gesagt, die Haare eines Menschen seien ihm, »mit Verlaub, scheißegal«. Nun testen ihn die Jungs. Doch er reagiert beim Anblick gelassen und meint, er sei ja selbst schuld. KT hat sich lediglich eine gelbe Solidaritätssträhne machen lassen.

Überhaupt ist er in den Augen seines Bruders der Besonnenere der beiden, eben ganz der große Bruder, der früh Pflichtbewusstsein entwickelt. Schon mit 13 Jahren bittet ihn der Vater, ihn bei öffentlichen Auftritten zu vertreten, wenn er beruflich verhindert ist. KT repräsentiert fortan die Familie auf Veranstaltungen in der Umgebung oder auf solchen, deren Schirmherrschaft sein Vater übernommen hat. Auch Enoch zu Guttenberg hatte diese Vertretungen bereits für seinen Vater übernommen. Einmal, als Enoch elf Jahre alt war, sollte er für ihn auf eine Beerdigung gehen und wusste nicht, was er dort sagen soll. »Nicht lügen!«, sagte der Vater.[22] So einfach war das.

Dass Schloss und Grundbesitz auch heute noch im Eigentum der Guttenbergs sind, unterscheidet sie von vielen anderen ehemals wohlhabenden deutschen Adelsfamilien. Der Erhalt des Erbes über Jahrhunderte hinweg ist wirtschaftlichem und politischem Geschick, guter Heiratspolitik sowie sicher auch manchmal der notwendigen glücklichen Fügung zu verdanken. Dem zugrunde liegt jedoch auch ein Standesethos, in dem die Pflicht zur Leistung und zur Führung eine zentrale Rolle spielt. Mit dem Standesdenken des Adels ist es ja so eine Sache. Oft ist es heutzutage nicht mehr als eine kollektive Nostalgie, eine Hinwendung zu Zeiten, in denen man noch mächtig war.

Traditionell verstanden, verpflichtet das Standesdenken jedoch zu individueller Demut. »Adel verpflichtet« meint, dass man dem geerbten Namenszusatz und damit den vorangegangenen Generationen des eigenen Geschlechts gegenüber in der Schuld steht. Man steht mit seinem Handeln nicht nur für sich, sondern ist ein Glied in einer Kette. Die Vorväter sind durch das eigene Wirken zu ehren, und ihr gedankliches und materielles Erbe ist für die nachfolgenden Generationen zu wahren. Die klassische aristokratische Erziehung dreht sich deshalb nicht um das Individuum, sondern um das Bewusstsein für die Familie und den Stand. Ziel ist, Haltung zu bewahren. Eigene Nabelschau, das Sinnieren über persönliches Glück oder Unglück, über Wohlstand oder Krankheit, gilt hingegen als Zeichen der Verweichlichung und Dekadenz.

Enoch zu Guttenberg vermittelt diese Gesinnung seinen Söhnen, wenn er sagt, man müsse für seine Überzeugungen zur Not sterben können. Das bedeutet: Das, wofür du stehst, ist größer und wichtiger als du und dein Leben. Ihre Überzeugungen bringt die Familie seit jeher in politischem und sozialem Engagement zum Ausdruck.

Unter den Vorfahren väterlicherseits waren Reichsräte und Diplomaten. Einer war Polizeipräsident, einer Fürstbischof von Würzburg. Gleich zwei Guttenbergs gehörten nach ihrer Gründung im Jahr 1819 der bayerischen Kammer der Abgeordneten an, dem »Vorläufer« des heutigen Landtags. Und nicht nur die Männer profilierten sich im öffentlichen Dienst. Elisabeth zu Guttenberg gründete und führte gleich mehrere sozial-karitative Einrichtungen und leitete fast 25 Jahre die Arbeitsgemeinschaft Katholischer Frauen Bayerns.

Im 20. Jahrhundert hat der Widerstand gegen Hitler die Familie stark geprägt. Der Urgroßvater des heutigen Ministers war an der Verschwörung vom 20. Juli beteiligt und hielt Treffen der Widerständler in der verwinkelten Bibliothek des Schlosses ab. Er kam mit dem Leben davon, sein Bruder wurde jedoch 1945 von der Gestapo erschossen. Ein weiterer Urgroßvater des Ministers, Georg Enoch zu Guttenberg, beteiligte sich an einem monarchistischen Putschversuch des Hauses Wittelsbach, der vormaligen bayerischen Königsfamilie, gegen Hitler. Er überlebte die Verfolgung durch die Gestapo nur aufgrund eines Zufalls. Der Großvater, Karl Theodor ohne Bindestrich, sollte schon mit 19 Jahren vor ein Kriegsgericht der Hitler-Schergen, weil er sich geweigert hatte, in Polen Juden zu erschießen. Er verbüßte eine Haftstrafe. Der mit dem Widerstand verbundene Einsatz des eigenen Lebens für einen höheren Zweck ist für Enoch zu Guttenberg zum Familienideal geworden. Er wisse zwar selbst nicht, ob er in der Lage sei, für seine Überzeugung zu sterben, sagt er. Doch das sei das Ideal, und dieses Ideal schaffe »fast einen Zwang zur Unabhängigkeit«.[23]

Sein Vater Karl Theodor lebte ihm diese Unabhängigkeit vor. Er war von 1957 an und ohne Unterbrechung 15 Jahre lang Abgeordneter des Deutschen Bundestages, in der dritten Amtszeit des Wahlkreises Kulmbach, den nun sein Enkel repräsentiert. Schon seine Jungfernrede zum Deutschland-Plan der SPD war ein Paukenschlag, mit dem er deutlich machte, dass er zur ersten Reihe der CSU-Abgeordneten gehörte.[24] Denen, die ihn schätzten, galt er als einer der wenigen wirklich unabhängigen Geister im politischen Geschäft. Darüber frustrierte Kollegen konnten ihn auch als eigensinnig, exzentrisch, bisweilen bockig und stur empfinden.[25] Hätte man Kollegen des Enkels Karl-Theodor in der Opel-Nacht um eine Charakterisierung des Wirtschaftsministers gebeten, wären vermutlich im freundlichsten Fall auch einige dieser Adjektive gefallen.

Die Parallelen zwischen den beiden sind vielfältig. Der CSU-Baron von und zu Guttenberg kehre »den Unabhängigen und Einzelgänger hervor«, heißt es 1972 im *Spiegel*. »Die betonte Eleganz der Kleidung« schaffe bewusst Abstand. Und sein »klangvoller Name« erlaube es ihm, »gegenüber Parteiapparaten eine unabhängige Existenz zu führen«. Auch der Großvater war der Außenpolitik verschrieben, wurde außenpolitischer Sprecher der Unionsfraktion. Auch er wurde bekannt, indem er sich vehement gegen die Mehrheit seiner Fraktion und gegen die Regierung stellte. In seinem Fall war es die heftige Opposition gegen die Ostpolitik der Regierung unter Bundeskanzler Willy Brandt. In der Regierungserklärung vom Oktober 1969 sprach Brandt als erster deutscher Bundeskanzler von der Existenz zweier deutscher Staaten. Guttenberg war wütend. Er galt wie sein Enkel als glänzender Rhetoriker und als geradezu gefürchteter Debattenredner. Die Rede vom »zweiten deutschen Staat« bezeichnete Guttenberg als »dunkle Stunde«. Dass Brandt in seinen Verträgen mit Moskau und Warschau die Souveränität der DDR anerkannte, hielt der Baron für einen Skandal. Er gehörte 1972 zu den wenigen in der Unionsfraktion, die gegen den Grundlagenvertrag mit der DDR stimmten, weil er es prinzipiell für falsch hielt, den »Verbrecherstaat« staatsrechtlich anzuerkennen, auch wenn die Anerkennung dem »Wandel durch Annäherung« dienen sollte. Die Mehrheit der Fraktion hatte sich enthalten und so die Ratifizierung gesichert.

Aber die sogenannte Fraktionsdisziplin war sowieso seine Sache nicht. Anders ausgedrückt: Er schien nicht einzusehen, warum er sich der Parteimehrheit beugen sollte, wenn er anderer Meinung war. Das brachte ihm zwar Achtung ein, selbst beim politischen Gegner, aber auch ein Parteiausschlussverfahren. 1962 setzte er sich als einer der Ersten für eine Große Koalition ein, die es in der Bundesrepublik noch nie gegeben hatte. Nachdem die FDP-Minister der schwarz-gelben Koalition wegen der *Spiegel*-Affäre zurücktreten mussten, sondierte er mit Billigung von Bundeskanzler Konrad Adenauer bei Herbert Wehner, dem späteren SPD-Parteivorsitzenden, die Koalitionsmöglichkeiten. Es kam zu offiziellen Verhandlungen, die jedoch letztendlich scheiterten. Vier Jahre später gelang es Guttenberg und Wehner dann, die erste Große Koalition unter Bundeskanzler Kurt Georg Kiesinger einzufädeln.

Später gab Guttenberg entgegen der Wahlkampfstrategie der Unionsparteien eine Ehrenerklärung für Wehner ab, den er zum großen Ärger seiner Parteikollegen zum Freund und Patrioten erklärte. Das war skandalös, war doch Wehner immerhin vor dem Krieg Mitglied der Kommunistischen Partei Deutschlands gewesen und dort bis ins Zentralkomitee aufgestiegen. Und nun ausgerechnet der – ein Freund des Freiherrn! Im Schloss hängt ein Gemälde, das Guttenberg mit einem Schriftstück in der Hand zeigt, das von Wehner unterzeichnet ist. Mit Blick auf die mit seiner Ehrenerklärung für Wehner verbundenen Turbulenzen wirkt das Bild fast wie eine Demonstration seiner Unabhängigkeit, so als habe Guttenberg sie durch dieses Porträt zelebrieren wollen.

Trotz dieser Selbstständigkeit war jedoch auch der ältere Karl Theodor kein parteipolitischer Einzelgänger. Auch er hat, wie nach ihm sein Enkel, die Parteistrukturen für seine Karriere genutzt. Er war 1946 Mitbegründer der CSU in seinem Heimatort

Stadtsteinach und blieb lange Jahre Vorsitzender des dortigen CSU-Kreisverbands. Er war Mitglied des Vorstands des Bezirksverbandes Oberfranken und des Landesvorstandes. Doch war er, noch eine Parallele zum Enkel, nicht gerade der Liebling des Parteivorsitzenden. Im Falle des Großvaters konnte man schon von handfesten Animositäten sprechen. Er hielt Franz Josef Strauß für nichts Geringeres als ein Unglück, und das durfte auch gern jeder wissen. Auch von Ludwig Erhard, der als Wirtschaftsminister zum »Vater des Wirtschaftswunders« wurde, hielt er nicht annähernd so viel wie Enkel Karl-Theodor. Während dieser keine Gelegenheit auslässt, Erhard als ideelle Leitfigur seiner Politik zu zitieren, hielt der Großvater Erhard für überbewertet. Er war sogar maßgeblich daran beteiligt, Erhard in seinem späteren Amt als Bundeskanzler zu demontieren.[26]

Guttenberg wurde 1967 parlamentarischer Staatssekretär unter Bundeskanzler Kiesinger. In dieser wichtigen Position bot man ihm die Installation eines Autotelefons an – eine Ehre, die nicht einmal allen Ministern zuteil wurde. Die Fahrt von Bonn nach Guttenberg dauerte in diesen Zeiten sieben Stunden – und da sei es doch gut, wenn er erreichbar sei. Doch Guttenberg lehnte das Autotelefon ab. Er wollte während seiner Fahrt nicht gestört werden, abgesehen davon legte er auf Statussymbole keinen Wert. Er war damals 47 Jahre alt, alles sprach dafür, dass seine politische Karriere steil vorangehen würde. Doch er erkrankte unheilbar an einer degenerativen Nervenkrankheit, die Muskelschwund zur Folge hatte. Die Ärzte teilten ihm mit, dass er noch drei Jahre zu leben habe.

Guttenberg begegnete seinem Schicksal mit eiserner Disziplin. Obwohl ihm das Gehen bereits große Schwierigkeiten bereitete, hielt er am 27. Mai 1970 seine letzte Rede im Bundestag. Weil er danach nicht mehr allein vom Podium herabsteigen konnte, stützten ihn Rainer Barzel und Strauß. Zwei Jahre später war er bereits schwer erkrankt und sollte fünf Monate darauf sterben. Doch er sah es als seine Pflicht an, beim Misstrauensvotum gegen Willy Brandt seine Stimme abzugeben. Er musste auf einer Trage ins Plenum gebracht und im Rollstuhl zur Wahlurne gefahren werden. Diese Szene wurde damals vielfach gezeigt, sie stand nicht nur symbolisch für das tiefe Misstrauen gegenüber Brandt, sondern auch für Guttenbergs Disziplin und Pflichtbewusstsein. Enoch zu Guttenberg führt den frühen Tod seines Vaters mit nur 51 Jahren nicht zuletzt auf dessen großes politisches Engagement zurück. Er habe sich in der Ostpolitik eingebracht »bis zum Nicht-mehr-Können«.

Es ist spürbar, dass der Sohn diesen Einsatz bewundert. Er findet, dass jeder sich nach seinen Möglichkeiten politisch und sozial zu engagieren habe. »Jeder braucht die Feuerwehr und die Polizei, und jeder möchte auf irgendeiner Autobahn rumfahren, nur zum Wählen gehen die Leute nicht.« Das fände er »zum Kotzen«.[27] Sein persönliches Engagement gilt seit über 40 Jahren dem Umweltschutz.

Auf diesem Gebiet ist er in Deutschland ein Pionier. Damals war es noch gar nicht auf dem Radar der öffentlichen Wahrnehmung. Die Partei Die Grünen gab es genauso wenig wie einen Umweltminister. »Grün« zu sein war weder trendy noch sozial sonderlich angesehen – Naturschützer galten als linke Hippies und natürliche Feinde der Großgrundbesitzer. Die versuchten ja, mit ihrer Wald- und Landwirtschaft möglichst gewinnbringend zu wirtschaften, was in Guttenbergs Augen die Umwelt häufig gefährdet. Dementsprechend unpopulär sind seine Ansichten zu jener Zeit bei den Standesgenossen. 1975 ist er Mitbegründer des Bundes für Umwelt und Naturschutz Deutschland (BUND), dessen Vorstand er lange angehört.

Mittlerweile sei er kein Aktivist mehr, sagt Enoch zu Guttenberg, dafür sei er zu müde und traurig: »Ich habe solches Heimweh nach all dem, was schon zerstört ist, nach dem, was jetzt
kaputtgeht, und sogar nach dem, was noch kaputtgehen wird.«
Sein Sohn Karl-Theodor nennt ihn einen »bekennenden Apoka-
lyptiker«, und die Szenarien, die er ausmalt, klingen tatsächlich
nach Weltuntergang. Enoch zu Guttenberg spricht von reißen-
den Nahrungsketten, von einem unerbittlichen Kampf um
Überlebensnischen, um die Restressourcen, ums Wasser. »Solange es noch die ungebremste Wachstumsideologie gibt, sehe
ich Grauen auf uns zukommen, das dem der letzten beiden
Weltkriege in nichts nachsteht«, sagt er.

Leider sei er sicher, dass die Menschen die Klimaerwärmung
nicht oder zumindest nicht so überleben werden, wie sie in der
westlichen Zivilisation jetzt gewohnt seien zu leben: »Ich bin
wahnsinnig bedrückt und melancholisch, weil ich sehe, dass das
schiefgehen wird.« So düster ist seine Prognose, dass er es für
eine berechtigte Frage hält, warum er mit seiner zweiten Frau
noch einmal zwei Kinder bekommen hat. »Ich kann manchmal
deshalb nicht schlafen, gerade weil ich sie über alles liebe.« Trotz
seines Pessimismus hat sich Enoch zu Guttenberg nie erlaubt,
aufzugeben. Er betankt sein Auto mit Gas und fährt nicht
schneller als 130 km/h, obwohl er dafür auf der Autobahn ständig »den Vogel gezeigt« bekomme. Und er schimpft auf die rot-
grüne Regierung, die es nicht geschafft habe, eine Geschwindig-
keitsbegrenzung auf den deutschen Autobahnen einzuführen.
Wenn nicht die, wer soll es denn dann schaffen? »Das sind doch
auch nur Knechtsnaturen«, sagt er und findet, die Grünen hätten den Klimaschutz verraten.[28]

Das Bewusstsein für den Umweltschutz hat er seinen Söhnen
mitgegeben. Sein jüngerer Sohn Philipp hat Ökologie studiert.

Er verwaltet die Forstwirtschaft der Familie und versucht, sie mit ökologischem Waldbau zu vereinbaren. Für ihn ist es deshalb selbstverständlich, sich auch politisch für den Umweltschutz zu engagieren. Schließlich sei er immer schon dazu erzogen worden, Verantwortung zu übernehmen: »Das war ein ganz normaler Bestandteil in unserer Familie.«[29] Als Vizepräsident des Europäischen Waldbesitzerverbands war er im Dezember 2009 Delegierter auf dem Weltklimagipfel in Kopenhagen. Er vertritt als Präsident der Arbeitsgemeinschaft Deutscher Waldbesitzerverbände die Interessen von zwei Millionen privaten und kommunalen Waldbesitzern, denen zwei Drittel des deutschen Waldes gehören. Auch in seiner Arbeit als Lobbyist spielt der Umweltschutz eine wichtige Rolle, sagt er. Dass viele Journalisten mit seiner Tätigkeitsbeschreibung nichts anfangen können und ihn in ihren Porträts über seinen Bruder schlicht zum »Förster« machen, amüsiert ihn. »Ist ja auch nicht ganz falsch.«

Als Österreicher (und Mitglied der ÖVP, der bürgerlich-konservativen Österreichischen Volkspartei) kann er seinen Bruder zwar nicht wählen, doch die beiden haben ein sehr enges Verhältnis und telefonieren mehrmals wöchentlich. Den Pessimismus des Vaters über die Umweltzerstörung teilen sie beide nicht. Doch die Söhne haben großen, fast zärtlichen Respekt vor der Naturliebe ihres Vaters.

Enoch zu Guttenberg ist lange Jahre CSU-Mitglied, bevor er 1992 aus Protest austritt. Der damalige Ministerpräsident Max Streibl hatte sich geweigert, an einer Demonstration gegen Antisemitismus teilzunehmen. Guttenberg veröffentlicht einen wütenden Brief, in dem er schreibt, dass er sich für das Verhalten des Ministerpräsidenten schäme. Zehn Jahre später überzeugt ihn Sohn Karl-Theodor, mittlerweile Bundestagsabgeordneter, wieder in die Partei einzutreten, und der Vater folgt. Das ist aber nicht etwa ein Zeichen, dass er sich mit ihr versöhnt hätte: »Die Partei gehört dringend entbetoniert. Das geht am besten, wenn man dazugehört.«[30]

Eine parteipolitische Karriere hatte Enoch zu Guttenberg jedoch nicht im Sinn. Seine Leidenschaft galt seit jeher der Musik. Dass er diese zum Beruf machen würde, war seinen Eltern lange nicht klar. Ihnen bereitete große Sorge, dass die schulischen Leistungen ihres Sohnes miserabel waren. Er wechselte von einer Schule auf die nächste. »Sein Vater und ich machten uns Sorgen«, sagt seine Mutter Rosa Sophie, eine geborene Prinzessin von Arenberg, über diese Zeit. »Wir konnten ja nicht ahnen, dass er dieses große musikalische Talent hat.« Eine professionelle Karriere in der Kunst, das hatte es in der Familie noch nicht gegeben. Doch der Sohn bahnte sich unbeirrt seinen eigenen Weg.

Er studierte Komposition und Dirigieren in München und Salzburg, übernahm im Alter von nur 21 Jahren einen Kirchenchor und gründete die Chorgemeinschaft Neubeuern, die er bis heute führt. Mit dem Chor brachte er es bald zu internationaler Anerkennung. Nach der Wende war er drei Jahre Erster Gastdirigent beim Mitteldeutschen Rundfunk. Seit 1997 leitet er auch das Orchester der KlangVerwaltung, 2000 wurde er Intendant der Internationalen Festspiele Herrenchiemsee. Enoch zu Guttenberg hat auch in seiner Karriere Eigensinn bewiesen und in der Branche mit Konventionen gebrochen. So galt es durchaus als umstritten, dass er sich seinen eigenen Chor und sein eigenes Orchester heranzog.[31] Doch der Erfolg gibt ihm recht. Er wurde unter anderem mit dem Deutschen Kulturpreis ausgezeichnet, seine Bruckner-Interpretation brachte ihm einen Klassik-Echo ein.

Auch sein Sohn hätte das Zeug zum Musiker gehabt, findet Enoch zu Guttenberg, Pianist hätte er werden können. Als Karl-

Theodor 14 Jahre alt ist, sprechen die beiden darüber. Der Vater warnt ihn, er solle sich überlegen, wie viel er mit seinen Konzertreisen in der Weltgeschichte unterwegs sei und wie oft die Söhne seine häufige Abwesenheit bedauerten. Ob er sich denn dieses viele Reisen auch für seine Zukunft und die eigene Familie vorstellen könne? »Das hat ihn damals wirklich abgeschreckt«, sagt Enoch zu Guttenberg heute, und er muss darüber schmunzeln, dass die alternative Berufswahl seines Sohnes in dieser Beziehung dann auch nicht viel besser ausfällt.

Doch ganz abgesehen von dem Bereich, den er wählt, lernt Karl-Theodor zu Guttenberg früh, dass von ihm Leistung erwartet wird. Er lernt, dass es nicht ausreicht, den geerbten materiellen Wohlstand und den Status als Träger des traditionsreichen Namens auf dem Rücken vorangegangener Generationen einfach nur zu konsumieren. Er muss sich um ihn verdient machen. So gesehen ist die Herkunft auch eine Hypothek. In der Familie sei es immer wichtig gewesen, sich Unabhängigkeit hart und stets neu zu erarbeiten, sagt Guttenberg. »Also auch in betriebsfernen Bereichen zu versuchen, Spitzenleistungen zu erbringen.«[32] Wohlgemerkt: nicht Leistungen, sondern Spitzenleistungen. Das bedeutet, wie unterbewusst auch immer, unter Druck aufzuwachsen.

Für Enoch zu Guttenberg sind Spitzenleistungen so selbstverständlich, dass er sie kaum mehr als solche sehen mag. Er empfindet es gewiss als störend, wenn Menschen nach den Konzerten auf ihn zukommen und ihm gratulieren. Er habe bloß seine Arbeit getan, sagt er dann manchem wohlmeinenden Fan. »Genau wie ein Handwerker seine Arbeit tut, und dem gratulieren Sie ja auch nicht.«

Nicht nur aufseiten der Guttenbergs, auch in der Familie der Mutter, der Grafen von Eltz, ist politisches und soziales Engagement ganz selbstverständlich. Oft hat es hier eine religiöse Komponente. Ein Onkel des Ministers ist Stadtdekan von Wiesbaden und Domkapitular, einige Vettern und Cousinen gingen ins Kloster. Der Großvater, Graf Jakob von Eltz, war Mitglied des Souveränen Rates des Malteserordens in Rom und danach dessen ständiger Gesandter im Botschaftsrang bei der Bundesregierung. Er hatte nach der österreichischen auch die kroatische Staatsbürgerschaft, weil der Hauptwohnsitz der Familie bis zur Vertreibung während des Zweiten Weltkriegs in Kroatien lag. Nach der Selbstständigkeit des Landes wurde er zunächst kroatischer Ehrenkonsul in Bonn, um dann 1992 im Alter von 71 Jahren Abgeordneter im kroatischen Parlament zu werden. Er vertrat Kroatien im Europarat und wurde dessen Ehrenmitglied. Erst im Jahr 2000, fast 80-jährig, zog er sich zurück. Der studierte Jurist widmete sein Leben auch dem Erhalt des 800-jährigen Familienbesitzes, der berühmten Burg Eltz, die auf den 500-Mark-Scheinen zu sehen war. Graf Eltz führte sie in der 32. Generation und machte sie der Öffentlichkeit zugänglich.

Seine Frau ist die geborene Baronin Ladislaja Mayr von Melnhof. Sie organisierte für den von ihrer Nichte, der heutigen österreichischen Ministerin Doraja Eberle, gegründeten Hilfsdienst »Bauern helfen Bauern« Fahrten mit Hilfsgütern, unter anderem nach Bosnien und Kroatien. Und weil man eben nach dem Grundsatz »Selbst ist die Frau« erzogen ist, machte sie dafür eigens den Lastwagenführerschein. Noch mit weit über 80 Jahren fuhr sie mehrmals im Jahr mit dem Laster voller Kleider und Medikamente nach Kroatien. Das Gute daran sei, erzählte sie einmal, dass sie immer sehr schnell über die Grenzen käme. Während andere Lkws der Malteser dort stundenlang aufgehalten und durchsucht wurden, reichte bei ihr meist ein kurzer Blickkontakt mit den Zöllnern. Die bestaunten die stets elegant gekleidete und frisierte alte Dame am Steuer des Transporters. Man schaute in die Fahrerkanzel, da musste doch noch jemand sein, sah bloß noch den Hund auf dem Beifahrersitz und war dann so verblüfft über das ungewohnte Bild und vielleicht sogar etwas eingeschüchtert von der Würde und Autorität dieser Dame, dass man sie sofort durchwinkte, oft sogar, ohne nach ihrem Pass zu fragen.

Die Familie Guttenberg sieht sich auch durch ihr Vermögen zusätzlich verpflichtet, sich in die Allgemeinheit einzubringen. Es wird auf über eine halbe Milliarde Euro geschätzt. In einem Interview mit *Focus* sagt Guttenberg, viel Geld zu haben könne unabhängig machen, dürfe aber nicht zur Selbstgenügsamkeit führen. Was das Vermögen für Karl-Theodor zu Guttenberg bedeutet, ist schwer einzuschätzen. Schließlich sind auch die vorangegangenen Generationen wohlhabend aufgewachsen. Daraus ergibt sich ein natürlicher Umgang damit, neureiche Übertreibungen bleiben aus. Man sammelt nicht Häuser oder Statussymbole wie Sportwagen oder Boote. Doch vielleicht lässt man sich mit diesem Hintergrund weniger leicht von Schein beeindrucken. »Ich bin so erzogen worden, dass man sich von bestimmten Dingen nicht blenden lässt«, sagt Guttenberg.[33]

Das mit Vermögen einhergehende Maß an Freiheit und die Abwesenheit von existenziellen Ängsten kann gemeinhin zu einer grundlegenden Gelassenheit beitragen und tut dies möglicherweise auch bei Guttenberg. Sein familiärer und ökonomischer Hintergrund eröffnen ihm viele Perspektiven, die über die des Durchschnittspolitikers hinausgehen. Das hilft dabei, die eigene Perspektive zu relativieren und die anderer nachzuvollziehen, was im politischen Geschäft eine große Stärke ist. Auch Bundeskanzlerin Angela Merkel beherrscht es meisterhaft, die Anschauungen ihrer Kollegen nachzuvollziehen und somit deren Handeln vorzuempfinden. Was ihr oft als Passivität ausgelegt wird, ist in Wirklichkeit diese Gabe, die sie bei allen machtpolitischen Spielchen meist einen Schritt voraus sein lässt. Am Beispiel des Altkanzlers Schröder lässt sich das Gegenteil veranschaulichen: Ihm fehlte zuletzt jegliches Gespür für die Stimmung außerhalb seiner eigenen.

Mit einer Vielzahl von Perspektiven ist man Generalist – und damit das Gegenteil eines Fachidioten. Das hilft, die Grenzen der verschiedenen Sphären zu erkennen. Im Fall Opel erkannte Guttenberg die Grenzen der Politik und die Grenzen der Wirtschaft, was ihn inhaltlich flexibel bleiben ließ. Es ist dieser weite Horizont, der die intellektuelle Unabhängigkeit fördert. Eigentümlicherweise wird jedoch oft von materiellem Wohlstand auf intellektuelle Unabhängigkeit geschlossen. Das hieße im Umkehrschluss, den Populismus in der Politik mit den materiellen Existenzängsten der Politiker zu erklären. Die kann aber spätestens nach zwei Legislaturperioden und den damit einhergehenden Pensionen keiner von ihnen mehr haben.

In der Opel-Frage ging es nicht darum, dass einer gefürchtet hätte, durch den Widerstand gegen die Unternehmens-»Rettung« seine Lebensgrundlage zu verlieren. Es sind vielmehr die politischen Existenzängste, die die Unabhängigkeit beeinträchtigen: der Wille zur Macht und die Angst, sie zu verlieren. Diesen Willen zur Macht hält Enoch zu Guttenberg für legitim und wichtig, denn nur mit Macht könnten Politiker ihre Ideen durchsetzen. Doch sie verrieten dann oft ihre Ideen um des Erhalts der Macht willen. »Da frage ich mich: Wofür brauchen die dann noch Macht?« Sein Sohn werde diesem Anpassungsdruck widerstehen, davon ist er überzeugt: »Dazu ist der zu viel Guttenberg.«[34]

Wie geht ein Kind mit solchen Vorbildern um? Wie findet man mit ihnen und trotz dieser seinen eigenen Weg? Wie hält man dem Druck der Erwartung stand, Spitzenleistungen zu vollbringen? Eine psychologische Abhandlung über den Minister würde sich vermutlich auf die Vater-Sohn-Beziehung konzentrieren. Vielleicht emanzipierte sich Enoch zu Guttenberg von seinem starken Vater, indem er sich einem völlig fernen Berufsfeld, nämlich der Musik, zuwandte und dort reüssierte. Man könnte mutmaßen, dass auch sein Sohn sich fern des Tätigkeitsbereiches des Vaters profilieren wollte. Doch er sucht sich kein ganz neues Feld, sondern knüpft an die von seinem Vater bewunderte Laufbahn des Großvaters an. Mit seiner Karriere gelänge dem Sohn damit auch eine Emanzipation vom Vater. Die Abhandlung des Couchpsychologen sähe sich durch die vielen Parallelen der beiden KTs bestätigt. Auf die Frage, ob ihm sein Großvater Vorbild sei, gibt der Minister an, er sei es sicherlich »in der Unverbrüchlichkeit seiner Meinung«. Wenn er zu einer Ansicht gekommen war, dann habe er sie mit aller Klarheit vertreten, »auch wenn ihm der Gegenwind eisig ins Gesicht blies«.[35]

Auf die Frage, ob er sich seinem Vater mal widersetzt habe, sagt Guttenberg: »Wir sind eine Familie, die im positiven Sinne immer wieder auch intern Konflikte sucht und austrägt. Wir reiben uns da sehr. Das war von Anfang an so.«[36] Das lässt darauf schließen, dass es immer wieder einmal ein Aufbegehren gegen den Vater gab, was der Vater-Sohn-Beziehung jedoch nicht geschadet hat.

KAPITEL 3

AUF BISMARCKS SPUREN

Eines heißen Berliner Sommertages kreuzt eine junge Blondine im roten Catsuit Guttenbergs Weg. Es ist Love Parade, nicht gerade das Ereignis, um den Partner fürs Leben zu finden. Aber an den verschwendet die Blondine, die damals noch Stephanie Gräfin von Bismarck-Schönhausen heißt, sowieso keinen Gedanken. Sie ist 18 Jahre alt, will im nächsten Jahr das Abitur machen, danach ins Ausland gehen. Das Leben liegt ihr zu Füßen, die meisten Männer auch, bloß interessieren sie die meisten Männer eben nicht. Ein Freund erzählt aus der Zeit, dass viele Jungs sich gar nicht getraut hätten, Stephanie anzusprechen. »Die war so hübsch, dass alle dachten, da hätten sie eh keine Chance.« Bis der junge Baron zu Guttenberg auftaucht, der gar nicht darüber nachdenken muss, ob er sich traut oder nicht.

Er entdeckt sie auf der Party eines Freundes. Sie steht auf der Terrasse und sieht ihn hereinkommen. Die beiden kennen sich zwar nur vom Sehen, doch sie sind überzeugt, dass sie einander nicht mögen. Er hält sie für ein Partygirl, und Partymenschen schätzt er nicht sonderlich. Sie hält ihn mit seinen gegelten Haaren für einen überheblichen Schnösel. Er spricht sie an. Sie seien einander dort das geringste Übel gewesen, sagt er über diesen Abend.[37] Die beiden sind überrascht, wie gut sie sich verstehen. »Kann man eine Techno-Nudel wie dich auch zum klassischen Konzert überreden?«, fragt er zum Abschied. Man kann.[38]

Das Konzert ist das Requiem von Verdi, dirigiert von Enoch zu Guttenberg in der Münchner Philharmonie. »Es hat mich so berührt, dass ich ganz hingeschmolzen bin.« Danach wird sie dem Vater vorgestellt. Der hatte sie schon beim Verbeugen von der Bühne aus gesehen. Als er ihr begegnet, ist er gleich von ihr angetan, auch weil sie sich von der Musik hat berühren lassen.[39] KT, wie sie ihn nennt, ist zwar erst 23 Jahre alt, doch er hat sich für sie entschieden. Wer stellt schon das Objekt seiner Begierde beim ersten Date dem Vater vor?

In den nächsten Monaten treffen sich die beiden häufig. Sie geht weiter in die Schule, er studiert. An den Wochenenden fahren sie gemeinsam Ski. Die Liebe zu den Bergen und zum Winter verbindet sie bis heute.

Sie verbindet auch, dass ihre Hintergründe sich ähneln. Auch Stephanie zu Guttenberg kommt aus einer alten, traditionsreichen Familie, streng genommen ist sie als Gräfin von höherem Adel als ihr Mann. Sie ist die Ururenkelin des »Eisernen Kanzlers« Otto Fürst von Bismarck. Ihr Großvater, Graf Gottfried von Bismarck-Schönhausen, sympathisierte zunächst mit den Nazis, wurde SS-Oberführer, ging dann jedoch in den Widerstand. Nach dem Attentat auf Hitler am 20. Juli 1944 wurde er wegen der Beteiligung an der Verschwörung in einem Konzentrationslager inhaftiert, wo er nur knapp der Hinrichtung entkam.

Trotz ähnlicher Erziehung unterscheiden sich die Elternhäuser von Karl-Theodor und Stephanie zu Guttenberg unter anderem darin, dass sie nicht in vergleichbar großem materiellen Wohlstand aufwächst. Ihre schwedische Mutter Charlotte studiert zunächst in Göteborg Kunstgeschichte und Französisch, wird dann entdeckt und geht als Fotomodell nach Paris. Dort lernt sie im Sommer 1975 Andreas Graf von Bismarck-Schönhausen kennen, den sie nur wenige Monate später heiratet. Das Paar zieht gemeinsam nach München, wo am 24. November 1976 ihre Tochter Stephanie geboren wird. Als die zur Schule geht, macht die Mutter sich sehr erfolgreich als Raumausstatterin selbstständig. Auch Stephanie zu Guttenberg beginnt früh, sich ihr eigenes Geld zu verdienen. Schon als Schülerin jobbt sie drei Abende die Woche in einem Münchner Lokal. Sie arbeitet auf Messen, bei ihrer Mutter, modelt ein bisschen. Möglichst schnell möchte sie finanziell auf eigenen Beinen stehen. Das zweijährige Studium zur Textilwirtin an der Fachakademie Nagold kommt ihr deshalb gerade recht. Das Schulgeld verdient sie sich selbst.

Guttenberg gefällt die Tatkraft seiner Freundin. Ihm gefällt, dass sie kein verwöhntes Girlie ist, sondern bescheiden und unprätentiös. Fünfeinhalb Jahre nach ihrem ersten Date heiraten die beiden im völlig verschneiten Bad Reichenhall. Orchester und Chor des Vaters spielen in der Kirche, Stiefmutter Ljubka zu Guttenberg dirigiert.

Auf Hochzeitsreise geht es natürlich zum Skifahren. Danach ziehen die beiden nach Oberfranken. Stephanie zu Guttenberg ist 23 Jahre alt und schreibt sich an der Uni ein, um noch Soziologie zu studieren. Doch die Studiumspläne vertagt sie, als sie schwanger wird. Tochter Anna kommt im Mai 2001 zur Welt, eineinhalb Jahre später Tochter Mathilda. Während ihr Mann sich im Bundestag einen Namen macht, widmet sich Stephanie zu Guttenberg ganz den Kindern. Doch sie nimmt sich fest vor, in den Beruf einzusteigen, wenn die Kinder aus dem Gröbsten raus sind, zumindest halbtags. Denn eines möchte sie auf gar keinen Fall werden: eine sogenannte »Charity-Lady«. Der Gedanke, demonstrativ und öffentlichkeitswirksam »Gutes« zu tun, schreckt sie ab.[40]

Doch es kommt anders. Es sind ihre kleinen Töchter, die sie letztlich dazu bewegen, sich gegen sexuellen Kindesmissbrauch zu engagieren. Als Mutter, sagt Stephanie zu Guttenberg, fühle man sich von dieser Thematik vielleicht akuter bedroht. Es wühlt sie auf, dass über diese Gewalt in der Mitte der Gesellschaft, die sich durch alle Bevölkerungsschichten zieht und statistisch gesehen im Freundes- oder Bekanntenkreis eines jeden Einzelnen und in jeder Schulklasse präsent ist, noch immer kaum gesprochen und viel zu wenig dagegen getan wird. 2005 tritt sie als Vorstandsmitglied dem Verein »Innocence in Danger« gegen Kindesmissbrauch und Kinderpornografie bei. Ihr persönliches Ziel ist, das Bewusstsein für diese Thematik zu schärfen, es auf das Radar der öffentlichen Wahrnehmung zu setzen. Sie organisiert Aktionswochen, in denen missbrauchte Kinder mit Künstlern malen und fotografieren. Der Schaffensprozess soll therapeutisch wirken, aber vor allem Spaß machen. Die so geschaffenen Kunstwerke werden zugunsten der Kinder versteigert. In erster Linie jedoch bringt Frau zu Guttenberg Menschen zusammen, um über sexuellen Kindesmissbrauch aufzuklären und Konzepte zur Prävention zu entwerfen. Hinter den Kulissen setzt sie sich auch für eine neue Gesetzgebung ein, um Internetsperren für Kinderpornografie zu ermöglichen.

Ehe sie sich's versieht, ist Stephanie zu Guttenberg knietief in der Organisation engagiert, sammelt Spenden, plant Projekte. Im Januar 2009, einige Wochen bevor ihr Mann Minister wird, wählen die Mitglieder sie zur Präsidentin des Vereins. Seither ist es ihr gelungen, das Einkommen der Organisation, seine Bekanntheit und Reichweite drastisch zu vergrößern. Auf dem Gebiet des Kindesmissbrauchs ist sie mittlerweile zur gefragten Gesprächspartnerin geworden, unter anderem in den Fernsehsendungen von Maybrit Illner und Reinhold Beckmann. Im März 2010 widmet die *Abendzeitung* fast die ganze Politikseite einem Gespräch mit Stephanie zu Guttenberg über Kindesmissbrauch. Sie arbeitet an einem Buch zum Thema, das noch 2010 erscheinen soll.

Neben der Arbeit für den Verein nimmt das Ministeramt ihres Mannes auch sie in Anspruch. Sie begleitet ihn, sooft sie kann. »Wenn ich das nicht tun würde, würden wir uns nämlich gar nicht mehr sehen«, lacht sie. Ihre Anwesenheit schafft Vertrauen. Während er auf Terminen heiß umkämpft und von der Presse belagert wird, kann sie sich ungezwungen mit den Menschen unterhalten. Gerade Frauen kommen oft auf sie zu, um ihre Anliegen vorzubringen und sich mitzuteilen. Während der Trubel um ihren Mann einschüchternd wirken kann, ist sie zugänglich. Den Minister zu begleiten ist für sie durchaus zur Arbeit ausgeartet und auch schon rein logistisch eine Herausforderung. Sie hat keinen Anspruch darauf, mit ihrem Mann in der Flugbereitschaft der Bundeswehr mitzufliegen, sondern muss selbst zusehen, wie sie hinterherkommt. Zur Eröffnung der Cebit-Messe 2009 in Hannover fährt sie ihrem Mann, der fliegt, allein im Auto hinterher. Sie hat für ihre zahlreichen Einsätze weder Personal, das sie briefen könnte, noch etwa einen Fahrer, ganz zu schweigen von Personenschutz, und sie wird dafür in keiner Weise entschädigt.

Wie positiv sich ihre Anwesenheit auswirken kann, wird auch bei Auslandsreisen deutlich. Als ihr Mann als Wirtschaftsminister mit einer 100-köpfigen deutschen Delegation im April 2009 nach Libyen fährt, begleitet ihn seine Frau. Sie nutzt die knapp 36 Stunden, um sich ein Bild über die Lage der Frauen im Land zu machen. Ihr Mann klappert mit wechselnden Delegationen im Stundentakt sämtliche Ministerien ab. Es geht um die deutschen Interessen bei der Ölförderung, bei Bauvorhaben, bei der Telekommunikation.

Die Termine sind im Ablauf gleich: In einem stark heruntergekühlten, dunklen Sitzungssaal, in dem die Rollos stets heruntergelassen sind und es einen, aus 30 Grad im Schatten hereinkommend, fröstelt, nimmt man auf Ledersesseln neben den in diesen Kulturkreisen unvermeidlichen Papiertuchspendern Platz. Während der Gastgeber sein Grußwort spricht, stets etwas mit großer Ehre und großer Freundschaft, überbrückt man die Zeiten des Wartens auf die mündliche Übersetzung mangels Alternativen mit dem Verzehr von sehr süßem heißem Tee.

Dann bringt Guttenberg sein jeweiliges Anliegen vor. Beim Infrastrukturminister geht es beispielsweise darum, wie viele Monate eine deutsche Firma bei einem Bauvorhaben in finanzielle Vorleistung gehen muss. Er vermittelt die deutschen Vertreter dann an die richtigen Ansprechpartner in den Ministerien, zieht ein Resümee der Zusagen und Beschlüsse und ist nach 50 Minuten, die es hierzulande normalerweise nur zu Begrüßung braucht, schon wieder auf dem Weg zum nächsten Termin. So geht es acht Stunden lang, ohne Pause und natürlich ohne Mittagessen. Wer nicht rechtzeitig wieder im Bus sitzt oder gar im falschen Moment in den leeren Ministeriumsgängen nach einem stillen Ort sucht, wird kurzerhand zurückgelassen. Kein Wunder, dass die Delegation im Laufe des Tages zusehends schrumpft.

Die Effizienz zahlt sich aus. Handels- und Projektabsprachen in Millionenhöhe werden getroffen, die deutschen Teilnehmer sind zufrieden. Doch einer der wichtigsten Termine ergibt sich durch die Anwesenheit von Frau zu Guttenberg. Als es sich auf libyscher Seite herumspricht, dass auch sie vor Ort ist, fühlt man sich so geehrt, dass der Schwager des immer noch allein herrschenden Muammar al-Gaddafi die Guttenbergs kurzerhand zum Abendessen einlädt. Gaddafi selbst ist dieser Tage in seinem Zelt in der Wüste unterwegs und daher verhindert. Doch der Empfang durch seinen Schwager verleiht dem Besuch des deutschen Wirtschaftsministers und dessen Anliegen in den Augen der libyschen Minister, mit denen er verhandelt hat, einen gewissen Nachdruck.

Neben den Begleitungen auf Reisen nimmt Frau zu Guttenberg auch viele Termine ohne ihren Mann wahr. Im Wahlkreis ist sie eine gefragte Rednerin, ob bei CSU-Terminen oder bei Veranstaltungen des heimischen Bäuerinnenverbands. Ihre Reden schreibt sie stets selbst. Sie fährt zum internationalen Soldatengottesdienst am Weltfriedenstag im Kölner Dom, weil und obwohl ihr Mann verhindert ist. Natürlich kann sie ihren Mann nicht offiziell vertreten, doch ihre Anwesenheit wird, auch als Zeichen des guten Willens des Ministers, geschätzt. Viele dieser Einsätze finden außerhalb der Medien statt. So zum Beispiel ihr Besuch im amerikanischen Militärkrankenhaus in Landstuhl.

Es ist »Thanksgiving«, das amerikanische Erntedankfest, für viele Amerikaner ein wichtigeres Fest als Weihnachten. Zusammen mit dem amerikanischen Botschafter in Berlin, Phil Murphy, ist Frau zu Guttenberg nach Landstuhl geflogen, um den in Irak und Afghanistan verwundeten Soldaten ein frohes Fest zu wünschen. Die Soldaten freuen sich über den hohen Besuch, auch von deutscher Seite. Kurz vor dem Rückflug nach Berlin klingelt Frau zu Guttenbergs Handy, es ist ihr Mann. Der soll heute Abend bei der Bambi-Verleihung eine Laudatio auf den Präsidenten des FC Bayern, Uli Hoeneß, halten, doch jetzt bittet er sie, für ihn zu übernehmen. Er hat gerade Generalinspekteur Wolfgang Schneiderhahn und Staatssekretär Peter Wichert entlassen. Während die Kundus-Affäre immer größere Kreise zieht, will er nicht auf einer Gala erscheinen. Also soll doch bitte sie mal eben eine Rede vor Millionen von Fernsehzuschauern halten.

Zur Vorbereitung bleibt ihr nur die Fahrt zur Verleihung nach Potsdam, auf der sie die Rede ihres Mannes genau ein Mal durchlesen kann. Auf der Bühne bittet sie zunächst um Verständnis für die Abwesenheit ihres Mannes, man möge sich doch bitte einfach den Verteidigungsminister in ihr rotes Kleid denken. Dann gibt sie die Laudatio in solch geschliffener Perfektion wieder, dass ihre abschließende Entschuldigung für die »holprige Rede« geradezu unbescheiden wirkt.

»Charme-Bambi für Stephanie zu Guttenberg!«, heißt es am Tag darauf in der Bild, doch die begeisterte Presse ist sie schon fast gewohnt. Bereits nach ihrem gemeinsamen Auftritt bei Wetten, dass ..? im September schreibt man von ihr als dem »heimlichen Star« der Sendung. So nervös sei sie gar nicht gewesen, sagt sie später. »Wenn man vorher im Krankenhaus war und dieses Leid gesehen hat, dann kann man eine Gala – und wie gut oder schlecht das jetzt da laufen mag – plötzlich nicht mehr so wichtig finden.«

Ihr Mann ist zwar stolz auf sie, aber keineswegs überrascht. »Die macht das alles mit links«, winkt er ab. Seine Frau ist von ihm Überraschungen gewohnt und nicht leicht aus der Fassung zu bringen. Wenn er sich über die Arbeit ärgert, wirkt sie ausgleichend. Sie nimmt das Leben und seine Unwägbarkeiten mit einer unaufgeregten Sachlichkeit hin, das Gegenteil einer Drama-Queen. Darin ist sie seiner Chefin, der Bundeskanzlerin, nicht unähnlich. Vielleicht verstehen sich die Frauen deshalb so gut. Zunächst hieß es, Angela Merkel sei ihr abwartend begegnet. Stephanie zu Guttenberg sei ihr etwas zu hübsch gewesen, sehe ja aus wie ein Model, soll sie gesagt haben.[41] Zu viel Glamour ist nicht Merkels Ding. Vielleicht befürchtete sie, diese Schöne werde quasi als Sylvie van der Vaart der Politik das Scheinwerferlicht suchen und den Betrieb stören. Doch als Frau zu Guttenberg sie einige Monate später bittet, die Schirmherrschaft für ein Benefizkonzert zugunsten von »Innocence in Danger« zu übernehmen, sagt sie spontan zu.

So universal einsatzfähig und geländegängig Frau zu Guttenberg auch ist und sosehr sie den Trubel manchmal genießen kann, besteht sie doch auf mehr Ruhepausen als ihr Mann. Seine atemlose Rastlosigkeit ist ihr fremd. Wenn sie sich mal richtig was gönnen will, sagt sie, »dann mache ich mir einen Tee, lese ein Buch und rede mal eine Stunde mit niemandem«. Sie genießt die Tage, an denen sie morgens in Ruhe joggen gehen, die Kinder in ihrem VW Polo von der Schule abholen und dann für sie kochen kann. Mit ihnen Hausaufgaben zu machen, reiten zu gehen oder zu basteln hat für sie höchste Priorität.

Zu Hause sei eher sie die Ministerin für Wirtschaft und Technologie, hat sie mal gesagt, denn sie betreut die Haushaltskasse, vergleicht vor allen Anschaffungen die Preise im Internet, kümmert sich darum, dass die Computer laufen, wie sie sollen, und repariert auch mal den Wasserhahn. Sie hält ihrem Mann auch dadurch den Rücken frei, dass sie seinen Terminplan kennt und weiß, welche Kleidung er wann braucht. Die kauft sie in Standardgröße 98 meist ohne ihn ein. Er trägt, entgegen häufiger anderslautender Darstellungen, keine maßgeschneiderten Anzüge. Dass Guttenberg vom Männermagazin GQ 2009 zum »bestangezogenen Deutschen« gewählt wurde, hat er also durchaus auch seiner Frau zu verdanken. Die stets blitzblanken Schuhe putze er aber selbst, beteuert sie. Und wenn er zu Hause ist, hilft er selbstverständlich in der Küche.

Oft setzt er sich danach gleich nebenan an den schwarzen Flügel und spielt Klavier – zum Abreagieren Boogie-Woogie, zum Auftanken Mozart und manchmal auch Bruce Springsteen. Wenn es nicht das eigene Klavierspiel ist, ist der Soundtrack im Hause Guttenberg übrigens vielfältig – er reicht von Techno über Rosenstolz bis zu Max Raabe. Und natürlich AC/DC. Seitdem die Guttenbergs bei einem Konzert der Hardrocker fotografiert wurden, bekommen sie haufenweise CDs und T-Shirts der Band geschenkt.

Auch wenn die Familienstunden selten sind, ist Stephanie zu Guttenberg niemand, der über die Veränderungen und die neue Öffentlichkeit in ihrem Leben lamentieren würde. Das sei eben der Preis für die Verantwortung, die ihr Mann nun tragen dürfe, sagt sie, und klingt zur Verzweiflung mancher Journalisten schon selbst wie eine Politikerin. Unruhig mache sie die neue Exponiertheit ihres Mannes als Verteidigungsminister nicht, auch dann nicht, wenn er in Afghanistan unterwegs ist. Natürlich habe sie Angst, sagt sie, wie eben jeder Mensch Angst habe. Aber sie habe sich entschlossen, zu vertrauen und zuversichtlich zu sein. »Sonst wird man ja seines Lebens nicht mehr froh.«[42]

Die Bekanntheit ihres Mannes nervt sie eigentlich nur dann, wenn sie mit ihm in Ruhe essen gehen will, er aber unentwegt von wildfremden Menschen angesprochen wird. Einmal sind sie bei ihrem Lieblingsitaliener im Berliner Westend und werden gleich am nächsten Tag von einer Freundin darauf angesprochen, die gar nicht im Restaurant war. Man habe gesehen, dass sie Prosecco getrunken hätten, und habe sich gewundert, was es denn zu feiern gebe. Die Guttenbergs wollen ihr Leben trotz der Beobachtung nicht ganz umstellen. Aber Frau zu Guttenberg denkt nun doch zwei Mal nach, bevor sie beispielsweise ihren modischen Palästinenser-Schal trägt. Es kann immer sein, dass ihr Mann sich dann dazu erklären muss, ob das jetzt ein politisches Statement sei. »Das ist einfach unnötig. Nimmt man halt einen anderen Schal.«

Auch lädt sie lieber Freunde zu sich ein, statt sich in einem Lokal zu treffen. Zu Hause ist es für ihren Mann mittlerweile wesentlich entspannter. Sie kocht dann selbst. »Das macht gar nichts, ich koche ohnehin sehr gerne«, sagt sie. Und gut. In ihrer Küche hat sie auch schon Tom Cruise und Katie Holmes bekocht, während sie für die Dreharbeiten zum Stauffenberg-Film *Operation Walküre* in Berlin waren. Guttenbergs Cousin, Oscar-Gewinner Florian Henckel von Donnersmarck, vermittelte dem Ehepaar den Kontakt zu Guttenbergs. Man sprach über die Widerstandsgeschichte der Familie, durchaus auch sehr kritisch über Scientology. Sehr liebevoll seien die Schauspieler miteinander umgegangen, erzählte Stephanie zu Guttenberg später.[43] Tom Cruise sei gar nicht so klein, wie man immer meine, und Katie Holmes viel scheuer, als man denke. Den beiden gefiel es so gut, dass sie die Guttenbergs ihrerseits zu einem Drehtag im Bendlerblock einluden.

Am liebsten verbringt der Minister jedoch die geringe Freizeit im engsten Familienkreis. Er möchte für die Töchter trotz seiner häufigen Abwesenheit kein abwesender Vater sein. Damit sie verstehen, womit er seine Zeit verbringt, nimmt er sie einen Tag lang mit zur Arbeit im Bundeswirtschaftsministerium. Die Mädchen sind aufgeregt und stolz, dabei sein zu dürfen. Ihr Vater zeigt ihnen sein Büro, das sie »riesig« finden, und stellt ihnen einige seiner Mitarbeiter vor. Bis auf diesen Tag halten die Guttenbergs ihre Kinder vom Politikbetrieb und der Öffentlichkeit weitgehend fern, was angesichts des großen Interesses an der Familie immer schwieriger wird. Doch die Mädchen kennen es kaum anders. Die politische Karriere des Vaters erleben sie ja schon mit, seit sie denken können. Als er selbst anfing, sich für Politik zu interessieren, war er kaum älter als sie.

KAPITEL 4

GENERALISIERUNG

Ein Schüler fällt Lehrer Dieter Friedel auf, weil er nicht nur leidenschaftlich über Politik diskutiert, sondern auch zu allem eine Meinung hat, die er vehement vertritt. Das ist Karl-Theodor zu Guttenberg. Er erzählt Friedel, dass er sich politisch engagieren möchte. Es sollten die Freien Wähler sein, nicht die CSU, wo es doch mehr um Hierarchie und Parteipolitik gehe als um Inhalte. Bei den Freien Wählern, so scheint es ihm, ginge es hingegen um Visionen, Überzeugungen, Werte. Friedel rät ihm ab. »Idealismus in allen Ehren«, sagt er ihm, »aber man muss ihn doch auch umsetzen können.« Um wirklich etwas bewegen zu können, müsste es schon die CSU sein. Lust auf politische Verantwortung hat Guttenberg schon damals.

Doch er lässt dann noch ein paar Jahre ins Land gehen, bevor er in die CSU eintritt. Die meisten der heutigen Spitzenpolitiker treten in ihren frühen Zwanzigern in ihre Parteien ein. Horst Seehofer ist bei seinem Eintritt 20 Jahre alt, Markus Söder erst 16, Guttenberg ist mit seinen 28 Jahren relativ spät dran. Oft beginnen die Karrieren schon in der Schülerunion. Guttenberg gehört nicht zu den Jung-Unionisten, die sich schon kurz nach dem Schulabschluss beim Plakatekleben vernetzen. Doch er ist auch nicht, wie oft behauptet wird, ein politischer Quereinsteiger, sondern im Gegenteil ein politischer Selfmademan und Autodidakt. Er hat die Struktur der CSU nicht umgangen, sondern für sich genutzt.

Als er in der Studienzeit kommunalpolitisch aktiv wird, hat er natürlich zunächst eine gewisse Sonderstellung als Sohn des Barons. Er interessiert sich für Außenpolitik, er lädt Botschafter ins heimische Schloss ein, er bringt Glamour nach Oberfranken. Doch er schleppt auch Bierkisten auf den Veranstaltungen der Jungen Union.[44] Wie alle Menschen mit langem, sprich adeligem, Namen weiß er, dass man von ihm eigentlich, wie unterbewusst auch immer, Arroganz erwartet. Mit seinen fast schon unentspannt tadellosen Manieren wirkt er dem unmittelbar entgegen. Weil man erwartet, dass er sich bestimmt für etwas Besseres hält, erfreut es besonders, dass er das eben nicht zu tun scheint.

In den CSU-Ortsvereinen daheim in Guttenberg und der Kreisstadt Kulmbach jedenfalls ist man schnell gleichermaßen beeindruckt wie angetan vom jungen Guttenberg. Und der betreibt sein Engagement mit größter Ernsthaftigkeit. Ein Studienfreund von damals sagt, es sei von vornherein klar gewesen, dass Guttenberg das nicht zum Zeitvertreib mache. »Es war klar, dass er nicht etwa ein Hinterbänkler wird, sondern dass er groß herauskommen will und groß herauskommen wird.« Während seine Freunde an den Wochenenden in München feiern, auf gesellschaftliche Events oder Jagden gehen, zieht Guttenberg den lokalen CSU-Veranstaltungskalender jeder noch so exklusiven Einladung vor.

Seine Bekannten, viele aus ähnlichen Verhältnissen und noch weitgehend unbeschwert von großer Verantwortung, reagieren erstaunt bis resigniert über die ständige Abwesenheit ihres Freundes. »Egal, was man plant«, sagt einer, »der Guttenberg muss bestimmt wieder zur Eröffnung eines Briefumschlags.« Den kümmert diese Spöttelei herzlich wenig. Die Partys an Europas In-Plätzen, die sogenannte Glitzer-und-Glamour-Gesellschaft, all das hat ihn nie wirklich interessiert. Das Jetset-Leben, das Guttenberg sich ohne Weiteres leisten könnte, erscheint ihm schon seit frühester Jugend reichlich sinnlos. »Wir sind nicht Jetset«, betont er auch in Interviews. »Unser Grundanspruch ist, mit beiden Beinen auf dem Boden zu stehen.«[45] Er hat einige enge Freunde, die er schon seit seiner Kindheit kennt. Doch eine Horde oberflächlicher Bekannter und dauernde gesellschaftliche Verpflichtungen interessieren ihn nicht. Außerdem hat ihn die Leidenschaft zur Politik gepackt. Ihr gibt er absolute Priorität.

Guttenberg gewinnt dadurch, dass er sich in jede noch so belanglos erscheinende kommunalpolitische Niederung bereitwillig vertieft. Eugen Hain, der CSU-Bügermeister in Guttenberg, erinnert sich daran, wie der junge Baron im Lokal »Zur Post« mit der tiefen Stimme seine ersten Reden hält. Er war immer »überzeugend, präzise und klar in der Argumentation«.[46] Er spricht schon damals laut und deutlich und benutzt große Worte, auch wenn nur zehn Leute zuhören. Und er pocht auf die heimatlichen Strukturen, die lokalen Werte. Das imponiert: jemand, der die weite Welt kennt und doch ausgerechnet dem kleinen Ort und dem Kreis Kulmbach eine solche Stellung einräumt.

Seine Verbundenheit mit der Heimat wird Guttenberg über die Jahre große Sympathie einbringen. Er hat sie auch nach zwei Legislaturperioden in Berlin nicht verloren, ist nach wie vor jede Woche im Wahlkreis. Im Bundestagswahlkampf 2009 besucht eine engagierte junge CSUlerin begeistert seinen Auftritt im »Löwenbräukeller« in München. Es ist einer seiner wildesten Termine, zweitausend Leute drängen sich um den Minister, die Personenschützer vom BKA erbringen Höchstleistungen, haben etwas Derartiges noch nicht erlebt.[47] Das hübsche CSU-Mädel bekommt ihr Foto mit dem Minister und sagt: »Der packt uns alle mit seiner Nationalarroganz.« »Nationalarroganz« trifft Guttenbergs Linie gut. Ihr dürft stolz sein auf eure Heimat, wird Guttenberg nicht müde zu sagen, und das kommt schon damals in Kulmbach gut an.

Er wird Mitglied im CSU-Landesausschuss. Eigentlich möchte er jetzt, frisch verheiratet, ein Jahr mit seiner Frau ins Ausland, ein Honeymoon-Jahr. Von der Universität Harvard in Boston hat er ein Angebot, um dort für seine Doktorarbeit zu forschen. Auch als seine Frau schwanger wird, halten sie an den Plänen fest. Doch da beginnt der Stuhl des Bundestagsabgeordneten und Kreisvorsitzenden Bernd Protzner zu wackeln. Guttenberg sieht seine Chance und beweist erstmals, dass er das parteiinterne Strippenspiel beherrscht.

Dabei ist Protzner durchaus ein Gegner für einen Politik-Grünschnabel, wie Guttenberg es ist: Er ist ehemaliger CSU-Generalsekretär und vertritt den Wahlkreis seit zwölf Jahren in Berlin. Nun wird ihm jedoch eine zehn Jahre zurückliegende Steueraffäre angelastet. Seine Immunität wird vom Parlament aufgehoben, das Verfahren aufgenommen, die Presse informiert. Protzner wehrt sich. Er solle offensichtlich von der Partei »abgeschossen« werden, sagt er, es sei alles eine CSU-Intrige.[48] Denn der CSU-Bezirkschef von Oberfranken, Umweltminister Werner Schnappauf, ist der schärfste Kritiker Protzners. Und Schnappauf hat zufällig ein dringendes Anliegen: Er sucht händeringend ein Landtagsmandat.

Schnappauf gilt als einer der schwächsten Minister Stoibers, und wenn er nicht ins nächste Kabinett käme, müsste er stempeln gehen. Er sorgt also dafür, dass die »katastrophale Affäre« um Protzner nicht in Vergessenheit gerät. Er hat einen Plan: Guttenberg soll Protzner als Kreisvorsitzenden beerben. Kraft dieses Amtes soll Guttenberg dann dafür sorgen, dass Schnappauf in Kulmbach das Landtagsmandat eines ausscheidenden Abgeordneten übernehmen kann. Auch ein Landtagsabgeordneter, der sein Mandat aufgeben würde, um statt Protzner in den Bundestag einzuziehen, ist gefunden: Christian Meißner aus dem benachbarten Lichtenfels. Aber ganz so soll es dann doch nicht kommen. Als der Skandal um Protzner sich zuspitzt – er wird später wegen Steuerhinterziehung verurteilt –, entscheidet der CSU-Kreisvorstand in Kulmbach, Protzner nicht mehr als Kandidaten für die Bundestagswahl im Herbst zu nominieren. Der Weg ist frei für Guttenberg, der 2002 in den Kreistag des Landkreises Kulmbach gewählt wird. Und Protzners Bundestagsmandat, das überlässt er nicht etwa Meißner, das sichert er sich gleich mit.[49]

Der Wahlkreis 240, Guttenbergs Wahlkreis, gilt nicht als tiefschwarz. Selbst 2009, als Guttenberg mit 68,1 Prozent der Erststimmenkönig wird und für die CSU bei den Zweitstimmen eine absolute Mehrheit von 51,7 Prozent einfährt, wird die SPD mit 26,7 Prozent hier noch stärker als im Bundesdurchschnitt. Der Kreis, ganz im Nordosten Bayerns nahe der ehemaligen deutsch-deutschen Grenze gelegen, ist im bayerischen Vergleich strukturschwach. Das Durchschnittseinkommen ist geringer, die Arbeitslosigkeit wegen absterbender traditioneller Produktionszweige wie der Textilindustrie höher. Die SPD hat hier seit jeher starken Zulauf, sie hat viele oberfränkische Kommunen wie Hof, Bayreuth und auch Kulmbach lange regiert. Bei der letzten Wahl 1998 hatte Protzner hier 49,7 Prozent der Stimmen gewonnen. Bayernweit bekam die CSU in der Landtagswahl noch stattliche 52,91 Prozent.

Guttenberg will mehr. Er hat zwar ein sicheres Ticket nach Berlin, doch er will ein starkes, ja ein strahlendes Ergebnis. Er weiß, es ist wichtig, damit seine Position in der CSU zu stärken. Der Wahlkampf hat für ihn von Anfang an diese beiden Dimensionen: Bundestag und Partei. Er fährt den ganzen Sommer lang von Gemeinde zu Gemeinde, tummelt sich jedes Wochenende auf mehreren Kirchweihen. Oft hat er keine formellen Auftritte, sondern setzt sich zu den Leuten an die Bierbänke, redet mit ihnen. Abends hält er seine Wahlkampfreden in den kleinsten Lokalen der entlegendsten Dörfer, vor fünf bis dreißig Leuten.

So auch an einem schwülen Abend Ende August im oberfränkischen Reckendorf, einem Örtchen mit rund achtzig Einwohnern. Eine gute Dreiviertelstunde fährt Guttenberg von zu Hause bis in den dortigen Gasthof »Schwarzer Adler«, gleich an der Hauptstraße. An den Tischen in der Stube sitzen ungefähr zwanzig Männer mittleren Alters. Sie tragen gebügelte Hemden, haben sich schick gemacht für den Abend. Guttenberg trägt einen grauen Anzug, helles Hemd, Hermès-Krawatte. Als er zur Begrüßung jedem die Hand schüttelt, wirken einige überrascht. Es ist kein herzlicher Empfang, eher abwartend. Die Menschen sind mehr aus Neugier gekommen als aus Sympathie. Ob er auch was essen wolle, fragt eine beleibte Kellnerin. Nein, er dürfe leider nicht, sagt Guttenberg, lächelt und klopft sich mit der Hand auf den schlanken Bauch. Die Kellnerin verzieht keine Miene.

Guttenberg stellt sich hin und beginnt zu sprechen, wie immer ohne Notizen. Er bedankt sich bei den Anwesenden für ihr Kommen, erzählt von einem früheren Besuch in Reckendorf anlässlich der Kirchweih. An einem Tisch reden die Männer fast demonstrativ miteinander, wenn auch leise. Einige von ihnen sitzen mit dem Rücken zu Guttenberg und drehen sich auch nicht um, die ganze Stunde lang nicht. Du kannst uns viel erzählen, sagt ihre Haltung, so als wollten sie es dem jungen Baron nicht zu einfach machen. Der lässt sich davon nicht beirren und redet mit so viel Elan, als sei dies die einzige, alles entscheidende Wahlrede seines Lebens. Im Kreis dieser älteren Männer wirkt er sehr jungenhaft. Er trägt sein Haar länger, als er es später als Abgeordneter tut, doch seine großen Gesten sind schon die des Ministers. Da sind die geballten Fäuste mit den sich neben dem Kopf drehenden Zeigefingern, um einen Prozess zu beschreiben. Da ist die klare, kraftvolle Stimme, die je nach gewünschtem Effekt sehr leise werden kann, und da ist vor allem schon sein Thema: der verlorene Anstand im politischen Berlin.

Was man denn eigentlich für einen Bundeskanzler habe, der mit einer Flutkatastrophe, die großes menschliches Leid gebracht hat, nun Wahlkampf mache. Bisher haben die Leute noch lässig an ihrem Bier genippt, jetzt gibt es zum ersten Mal spontanen Applaus und lautstarken Zuspruch. Die Politiker da oben in Berlin seien der Wirklichkeit zu weit entrückt, fährt Guttenberg fort, und es sei höchste Zeit, das zu ändern. Schließlich habe Oberfranken mehr verdient! Das klingt ein bisschen wütend und sehr resolut. Als er schließt, hört man nach dem Applaus zustimmendes Geflüster. Nur ein Ehepaar verlässt gleich den Raum. Guttenberg setzt sich an einen Tisch. »Jetzt ein kaltes Seidla«, sagt er, den fränkischen Begriff für ein kleines Bier nutzend, und lächelt aufmunternd in die Runde.

Am Tisch ist es still geworden. Er zieht das durchgeschwitzte Jackett aus und beklagt, dass es diesen Sommer nicht einmal abends mehr richtig abkühle. Die Runde Bier kommt, die Männer stoßen an. »Was Sie da gesagt haben, über die Flut«, beginnt einer und schimpft auf den Kanzlerkandidaten Edmund Stoiber, der erst viel zu spät seinen Urlaub abgebrochen habe, um die von der Flutkatastrophe betroffenen Gebiete zu besuchen. Vom Nebentisch kommt einer hinzu und schimpft auf Kanzler Schröder, der ebendiese Gebiete für seinen Wahlkampf benutze. Es entwickelt sich eine rege Diskussion. Guttenberg hört zu, noch über eine Stunde. Es ist fast halb elf, als er den »Schwarzen Adler« wieder verlässt. Als er sich verabschiedet, ist die anfängliche Distanz zwischen ihm und den Reckendorfern nicht mehr zu spüren.

Zuhören ist ein wichtiger Bestandteil seines Wahlkampfes in diesem Sommer. Er ist zu unbekannt, als dass die Leute ihm abseits von seinen eigenen Veranstaltungen lange zuhören wollten. Es ist sein Zuhören, das sie von ihm einnimmt. Was sie ihm erzählen, fließt umgehend in seine Reden ein. Unter der Woche steht er auf den Marktplätzen und Fußgängerpassagen der Städte und verteilt Brezeln in Form eines G. Manche nehmen eine, andere wenden den Blick ab und gehen vorbei. Das ist ihnen nicht ganz geheuer, dass dieser elegante junge Mann im Anzug mit den gegelten Haaren ihnen jetzt was schenken will. Die Haare werden immer wieder zum Thema. Er sei doch ein ganz Bodenständiger, sagen sie, nachdem sie mit ihm geredet haben, ob denn die Haare sein müssten? Das gäbe so einen falschen Eindruck. Doch Guttenberg hat von Natur aus eine unbändige Lockenmähne, die sich nur mit Gel einigermaßen disziplinieren lässt. Sosehr die Leute es kritisieren, das Gel muss bleiben.

Guttenbergs Motto im Wahlkampf lautet wenig originell, doch kurz und prägnant: »Zukunft für Oberfranken«. Oberfranken sei eine Chancenregion, in der Tradition Zukunft hat, heißt

es in seiner Wahlkampfbroschüre. Ein kleines Bild seines Großvaters mit Bundeskanzler Konrad Adenauer ist darauf zu sehen –
und ein kleines Bild mit Frau Stephanie. Ansonsten sieht man
ihn mit den Menschen der Umgebung: Freiwillige Feuerwehr,
Bauern, Bäcker, Arbeiter. Ein Foto noch von ihm am Telefon:
»Guttenberg macht Wahlkampf von morgens früh bis spät in
die Nacht.« Das trifft auch auf die späteren Wahlkämpfe zu,
doch er wird es nicht wieder so formulieren. In seinen Reden im
Wahlkampf 2009 kommt die Wahl meist gar nicht mehr vor.

Guttenberg sagt heute, dieser erste Wahlkampf sei besonders
anstrengend gewesen, nicht nur weil die Routine fehlte, sondern
auch weil er so lang war. Es gibt keine Ferien mit der Familie
dieses Jahr. Seine Frau begleitet ihn mit Tochter Anna, etwas
über ein Jahr alt, manchmal auf Kirchweihen oder Ortsfeste. Dann
gehen sie nach seinen Terminen im Wald spazieren. Anna hat
gerade laufen gelernt und stolpert über die Wiesen. Diese Pausen sind die Familienzeit dieses Sommers.

Die Energie, die Guttenberg in den Wahlkampf gesteckt hat,
zahlt sich aus: Er gewinnt den Wahlkreis Kulmbach mit beacht-
lichen 63 Prozent der Erststimmen. Es ist eines der besten Erst-
stimmen-Ergebnisse Bayerns. Guttenberg ist 30 Jahre alt. In der
CSU wird man auf ihn aufmerksam. Auch in Berlin macht er
sich schnell einen Namen. Das Tempo des Wahlkampfes behält
er bei und stürzt sich mit Vollgas in die Arbeit im Bundestag,
die ihn begeistert. Er erkämpft sich einen Platz im wichtigen
Auswärtigen Ausschuss und wird Sprecher der CDU/CSU-Frak-
tion für Abrüstung, Nichtverbreitung und Rüstungskontrolle.
Auch seine Frau beginnt, der Intensität des Politikbetriebs etwas
abzugewinnen.

Für Stephanie zu Guttenberg war der erste Wahlkampf schwer,
auch weil sie nicht wusste, was auf sie und die Familie zukom-

men würde. Sie fürchtete, dass sie ihren Mann nach dem Wahltag noch mehr würde entbehren müssen. Doch in Berlin erfährt sie auch die Freude am politischen Leben. »Mit der Politik«, sagt sie, »ist es wie mit dem Kinderkriegen. Man hat keine Ahnung, was auf einen zukommt, aber man wächst gerne mit seinen Aufgaben.«[50] Langsam übernimmt sie eine aktivere Rolle, begleitet ihren Mann auf Veranstaltungen und übernimmt Schirmherrschaften im Wahlkreis. Der behält bei ihrem Mann, wie im Wahlkampf versprochen, höchste Priorität. Er pendelt mindestens einmal unter der Woche in den Wahlkreis, am Wochenende sowieso. Außerdem hat er es zu seinem erklärten Ziel gemacht, jede der etwa siebzig Gemeinden und Städte seines Wahlkreises mindestens ein Mal im Jahr zu besuchen. Dazu kommen die vielen Auslandsreisen.

Das Pensum ist enorm, die für nach der Wahl geplante Verschnaufpause ist vergessen. So bald wie möglich will er seine Jungfernrede im Plenum halten. Er plant sie bereits für den November, doch dazu kommt es nicht. Kurz vorher bekommt er von einem Tag auf den anderen eine Erkältung. Der Arzt verordnet Bettruhe. Es ist die Ruhe, die Guttenberg sich selbst nicht gegönnt hat. Dem Drängen seiner Frau, den Terminkalender etwas weniger vollzupacken und Zeit für Pausen mit der Familie freizuschaufeln, gibt er nun öfter nach.

Es versetzt Stephanie zu Guttenberg immer wieder in amüsiertes Erstaunen, als sie nach der Ernennung ihres Mannes zum Minister von vielen Bekannten so etwas wie Beileidsbekundungen bekommt. Ihr Mann sei doch jetzt sicher viel unterwegs, ob sie ihn denn überhaupt noch sehe. Von dem Arbeitspensum, das er schon als Abgeordneter und Generalsekretär absolviert hat, scheinen diese Menschen keine Vorstellung zu haben. Das Ministeramt ändert an seinen 12- bis 16-Stunden-Tagen wenig.

Aber jetzt ist er häufig in Berlin und kann seine Zeit manchmal flexibler einteilen. Für die Familie ist das neue Amt deshalb keine wirkliche Verschlechterung. Das ist 2002 zwar noch in weiter Ferne, doch Guttenberg bereitet den Weg dahin, indem er sich in Berlin als Außenpolitiker profiliert.

Guttenberg betreibt Außenpolitik im Interesse und Geiste der Völkerverständigung, bei der Deutschland seiner Meinung nach eine proaktive Rolle spielen müsse. Er ist, unter anderem durch die Karriere des Großvaters und ein Schuljahr in den USA geprägt, überzeugter Transatlantiker. Vom Anfang seiner politischen Laufbahn an macht er sich einen Namen, indem er lautstark konservativ-interventionistische Positionen vertritt, die nicht unbedingt mehrheitsfähig, geschweige denn auf Parteilinie sind. Beinahe wöchentlich meldet er sich durch Gastbeiträge in Zeitungen zu Wort, fast täglich versendet er Mitteilungen an Fachleute und Journalisten.

Er mahnt, im Umgang mit China die dortige Menschenrechtslage nicht wegen ökonomischer Interessen außer Acht zu lassen. Er plädiert dafür, Serbien und Kosovo eine EU-Beitrittsperspektive offenzuhalten, weil der ganze Balkan zu Europa gehöre. Und er entwickelt für die Türkei das Konzept der »privilegierten Partnerschaft«. Im Kaukasus-Konflikt weist er Russland die Hauptverantwortung zu und fordert wiederholt die Stornierung der Ostseepipeline. Schnell und scharf sei er bei der Sache, wenn es darum ginge, eine allzu russlandfreundliche Äußerung Steinmeiers anzuprangern, schreibt die *Zeit*.

Scharf ist er auch, als sein Parteikollege Markus Söder eine Belastung der bayerisch-britischen Beziehungen ausmacht, weil Franz Josef Strauß in Madame Tussauds Wachsfigurenkabinett den falschen Nachbarn, nämlich den Spion Günter Guillaume, bekommen habe. »Die Intensität und hohe Qualität der bayerisch-britischen Beziehungen bis in die höchsten Ebenen sollte nicht durch verstörende Wortmeldungen verdünnt werden«, erklärt Guttenberg. Auf die Amerikaner und Engländer lässt er nichts kommen, erst recht nicht, wenn er dadurch einem Parteifreund eins auswischen kann.

Immer wieder fordert Guttenberg, dass Deutschland in der internationalen Gemeinschaft mehr Verantwortung übernehmen müsse. Er plädiert für eine »Doppelstrategie« gemeinsam mit den USA, um Iran zur Aufgabe des Atomprogramms zu bewegen. Als Bundeskanzlerin Angela Merkel mit Bezug auf den Krieg zwischen Israel und Libanon sagt, eine Beteiligung der Bundeswehr an einer Friedensmission stehe »nicht auf der Tagesordnung«, gibt Guttenberg an, unter gewissen Umständen könne man sich eine solche Teilnahme durchaus vorstellen.

Am unbequemsten ist jedoch seine Unterstützung des Afghanistan-Einsatzes. Davon will man in der CSU nichts wissen. Als Landesgruppenchef Peter Ramsauer eine Abzugsstrategie fordert, fügt Guttenberg schnell ein Aber hinzu: Erst müsse die Ausbildung der afghanischen Armee beendet sein. Es sorgt für Aufmerksamkeit, als er im Sommer 2007 gemeinsam mit dem SPD-Abgeordneten Hans-Ulrich Klose die Entsendung deutscher Bundeswehrausbilder in den umkämpften Süden Afghanistans zur Debatte stellt.[51]

Da ist Guttenberg schon längst die außenpolitische Kompetenz der CSU. Er ist Obmann des Auswärtigen Ausschusses, wird Vorsitzender der Deutsch-Britischen Parlamentariergruppe und Sprecher der CDU/CSU-Fraktion für Abrüstung, Nichtverbreitung und Rüstungskontrolle. Als Abgeordneter absolviert er mindestens eine Auslandsreise pro Monat, deren Erfahrungswerte er in detaillierten Kommuniqués mit zahlreichen Kollegen der CSU-Landesgruppe und auch dem Bundeskanzleramt teilt. Durch seine Reisen hat er ein dichtes Netz an Kontakten geknüpft, selbst Außenminister Frank-Walter Steinmeier schätzt ihn als einen der wenigen Abgeordneten mit einem ausgeprägten transatlantischen Netzwerk.[52]

Doch Guttenberg weiß auch, dass das Hocharbeiten in Berlin nichts bringt, wenn er nicht parallel in der CSU aufsteigt. Die Außenpolitik ist nichts, was die oberfränkischen Herzen höherschlagen lässt. Seine guten Wahlergebnisse dort zählen für ihn. Auch 2005 gewinnt er wieder 60 Prozent, was seine Position stärkt. 2007 sieht er seine Chance, sie auszubauen. Werner Schnappauf, weiterhin Vorsitzender des CSU-Bezirksverbandes Oberfranken, soll neuer Hauptgeschäftsführer des Bundesverbandes der Deutschen Industrie werden. Sein Amt als Bezirkschef sowie sein Landtagsmandat muss er dafür aufgeben. Die Bezirkschefs sind mächtige Lokalfürsten der Partei. In der CSU gibt es zehn Bezirksverbände, denen 108 Kreisverbände und 2853 Ortsverbände untergeordnet sind. Das Gremium der Bezirkshäuptlinge ist eine der Herzkammern der Partei. Hier wird die Basis verwaltet. Wer hier angekommen ist, gilt als ministrabel. Zudem kann das Votum des Gremiums ausschlaggebend sein, wenn es um die Nominierung für wichtige Parteiposten geht, etwa den des Ministerpräsidenten oder CSU-Vorsitzenden.

Folglich ist das frei werdende Amt heiß begehrt. Der 48-jährige Hartmut Koschyk, parlamentarischer Geschäftsführer der CSU im Bundestag, gilt auch kraft seines Amtes als gesetzt. Er wird bereits auf Landesebene als zukünftiger Minister gehandelt. Schnappauf ist mit der Nachfolge zufrieden. Guttenberg nicht. Da trifft es sich gut, dass er genau diese Art von »Hinterzimmer-Politik« immer öffentlich kritisiert hat. Schließlich wird ein Bezirkschef von den Delegierten gewählt, nicht von den Partei-Granden festgelegt. So erklärt Guttenberg Schnappauf in einem nächtlichen Telefonat, dass er keineswegs gedenke, Koschyk den Vortritt zu lassen.[53]

Schnappauf fällt aus allen Wolken. Er, Guttenberg, wolle Koschyk, der in der Partei hervorragend vernetzt ist, tatsächlich herausfordern? Guttenberg will. Am 7. Dezember 2007 tritt der Bezirksparteitag der CSU Kulmbach-Lichtenfels zusammen, um den neuen Chef zu wählen. Koschyk ist den 165 Delegierten bekannt, er ist der Favorit. Den jungen Baron sehen viele zum ersten Mal, über ihn weiß man wenig. Er redet eine knappe halbe Stunde. »Keine Hauptstadt der Welt«, sagt er, könne wichtiger sein »als das Anliegen eines CSU-Ortsverbandes.« Er spricht über den Hochmut »in den bergreicheren Regionen, in denen nicht Fränkisch gesprochen wird«. Da ist sie wieder, seine Nationalarroganz. Und er lobt den »Maßstab des Herzens«, den es so nur in der CSU gebe.[54] Auf seine Rede folgen Standing Ovations. Danach wird Guttenberg zum jüngsten Bezirksfürsten in der Geschichte der CSU gewählt, mit 58 Prozent der Stimmen. Guttenberg ist 36. Selbst CSU-Größen sprechen von einer handfesten Sensation. Sie ahnen, dass sein Führungsanspruch sie das Fürchten lehren könnte. Guttenberg hat nun eine solide Machtbasis in der Partei. In dieser frühen Phase des Aufstiegs versteht er es noch, diese zu festigen, indem er einstige Gegenspieler für sich vereinnahmt. Ausgerechnet Koschyk wird in Hintergrundgesprächen nur freundliche Worte über Guttenberg finden, als dieser Minister wird.

Die Woche nach der Landtagswahl am 28. September 2008 soll die bisher turbulenteste in der Geschichte der CSU werden. Sie ist von 60,7 auf unvorstellbar bittere 43,4 Prozent gestürzt. Es ist das schlechteste Ergebnis seit 54 Jahren. Der Schock über den Verlust der absoluten Mehrheit sitzt tief. Das Führungsduo aus Parteichef Erwin Huber und Ministerpräsident Günter Beckstein gerät unter massiven Druck. Der ein Jahr zuvor gestürzte Amtsvorgänger Edmund Stoiber sieht die Zeit seiner Rache gekommen. Die Mehrheit der Partei hält Stoiber zwar wegen seiner radikalen Reformpolitik für mindestens genauso verantwortlich für das Wahldebakel wie Huber. Doch die Basis will jetzt Veränderung, und Stoiber heizt die Stimmung an.

Nachdem Huber und Beckstein bei einer Pressekonferenz am Montag nach der Wahl nicht zurücktreten, ruft Stoibers Büro bei der Deutschen Presse-Agentur an. Man lässt mitteilen, dass eine Mehrheit im Vorstand für den Rücktritt Hubers und Becksteins sei und sich Bundeslandwirtschaftsminister Horst Seehofer als Nachfolger durchsetzen werde. Darüber war beim vorangegangenen Treffen des Parteivorstands zwar gar nicht gesprochen worden, aber so lässt sich Stimmung machen.[55] Nach einer nächtlichen Krisensitzung tritt Huber am Dienstag zurück. Der 59-jährige Seehofer, der Huber im Kampf um die Stoiber-Nachfolge ein Jahr zuvor unterlegen war, soll jetzt neuer CSU-Vorsitzender werden. Er hat die Unterstützung der CSU-Landesgruppe in Berlin.

Kaum ist Huber gestürzt, folgt der Aufstand gegen Beckstein. Der größte und mächtigste CSU-Verband Oberbayern will ihm damit die Retourkutsche für den Sturz Stoibers verpassen. Auch die Junge Union fordert, er müsse sofort gehen. Schließlich sei Beckstein als Spitzenkandidat angetreten, nicht Huber. Nach einer weiteren Debatte hinter verschlossenen Türen ist es bereits am Mittwoch um 12.35 Uhr so weit: Beckstein gibt seinen Rücktritt als Regierungschef in Bayern bekannt. Sein Rückhalt in der Partei sei nicht groß genug, um die schwierigen Aufgaben erfolgreich bestehen zu können, sagt er in einer kurzen Stellungnahme. »Auch wenn es da regionale Unterschiede gibt.« Beckstein und Huber schimpfen auf Stoiber, der gegen sie Stimmung gemacht habe. Nur einer kann seine strahlende Laune kaum verbergen: der designierte Parteichef Horst Seehofer.

Nun geht das Hauen und Stechen erst richtig los. Der bayerische Innenminister Joachim Herrmann, Wissenschaftsminister Thomas Goppel und Fraktionschef Georg Schmid wollen Ministerpräsident werden. Seehofer präsentiert sich als eine Art Ersatzkandidat: Er will nur antreten, wenn sich die Fraktion auf keinen der anderen drei Bewerber einigt: »Wenn es sonst niemanden gibt.« Damit hält sich Seehofer aus der Schusslinie. Eine Niederlage würde ihn für den CSU-Vorsitz schwer beschädigen.

Herrmann, Goppel und Schmid beginnen geheime Gespräche, die jedoch schnell publik werden. Das offizielle Ziel: eine Einigung. Das inoffizielle Ziel: Seehofer als Ministerpräsidenten verhindern. Zunächst werden ihm keine großen Chancen eingeräumt. Er kommt zwar im Bierzelt gut an, hat aber wenig Rückhalt in der Landtagsfraktion. Auch in der Parteiführung herrscht Misstrauen, zu viele fühlten sich irgendwann schon mal von Seehofer auf den Schlips getreten. Die Bevölkerung wünscht sich ihn nicht. In einer Emnid-Umfrage bevorzugen die bayerischen Wähler noch immer den zurückgetretenen Beckstein vor Seehofer, den nur 28 Prozent gern als Ministerpräsidenten hätten.

Doch keiner der drei anderen Kandidaten ist konsensfähig. So geht Seehofer nur wenige Tage später klar in Führung. Die Dynamik in der CSU erklärt sich aus dem Machtkampf der Regionen. In der Nachfolgefrage bekämpfen Mittelfranken und Unterfranken paktierende Oberbayern und Niederbayern, während die Oberpfälzer eine Einheit der Altbayern verhindern und die Schwaben noch nicht richtig wissen, wohin. Vier CSU-Bezirksverbände sprechen sich für Seehofer aus, darunter die beiden größten in Oberbayern und der Oberpfalz. Auch bei den Niederbayern und beim Münchner Bezirksverband ist Seehofer Favorit. Nur Mittelfranken spricht sich wenig überraschend für Herrmann aus, dessen Bezirkschef er ist. Unterfranken ist für Goppel, denn da ist Glos Bezirkschef. Seehofer wird Glos die fehlende Unterstützung nicht vergessen. Georg Schmid, auch »Schüttel-Schorsch« genannt, weil er so gern Hände schüttelt, zieht seine Kandidatur zurück. Goppel möchte eine Doppelspitze, Seehofer nicht. Er will – wennschon, dennschon – die ganze Macht.

Guttenberg kann erstmals seine Stimme als Chef der Oberfranken in die Waagschale werfen. Ursache für die Wahlschlappe ist seiner Meinung nach auch die von ihm viel bemängelte »Hinterzimmer-Mentalität« der CSU. Er nutzt die Situation, um sich gegen das unpopuläre parteiinterne Gerangel zu profilieren. Er richtet mit den Bezirksvorständen von Niederbayern und Schwaben, Manfred Weber und Markus Ferber, sowie mit Beckstein einen dringenden Appell an die Partei. Man möge möglichst schnell zur Geschlossenheit zurückfinden, schreiben sie in ihrer gemeinsamen Erklärung: »Die CSU braucht einen mutigen Neuanfang, einen Aufbruch in die Zukunft. Ganz entscheidend ist dabei, dass wir die einzelnen Regionen Bayerns nicht gegeneinander ausspielen.« Mit anderen Worten: Raus aus den Hinterzimmern! Mit den Parteiquerelen, derer die Menschen überdrüssig sind, wollen die drei aufstrebenden Politiker nichts zu tun haben. Außerdem machen Weber (36 Jahre), Guttenberg (36 Jahre) und Ferber (43 Jahre) damit ihren Anspruch auf eine maßgebliche Rolle in dem »mutigen Neuanfang« deutlich. Das ist auch an die Adresse der Kandidaten gerichtet, die ihre Unterstützung wollen.

Die bekommt Horst Seehofer, weil man glaubt, er könne die CSU im Gegensatz zu den drei anderen Kandidaten in Berlin stark vertreten. Dadurch, so Guttenberg, könne Seehofer »der CSU etwas von ihrem Selbstwertgefühl wiedergeben«. Die Jungen erhoffen sich jetzt von Seehofer die unter Stoiber aufgeschobene Verjüngung der Partei. Und Seehofer dankt es gleich, kündigt an, das neue Kabinett müsse »jünger und weiblicher werden«. Guttenberg ist schnell für Seehofers Nachfolge als Bundeslandwirtschaftsminister im Gespräch, was er jedoch weit von sich weist. Auch ein neuer Generalsekretär soll gefunden werden. Es ist eine parteipolitisch zentrale Position, ideal, um überallhin Kontakte zu knüpfen. In der CSU-Zentrale in München sind die Porträts der bisherigen Generalsekretäre hinter Glas zu bewundern, darunter die ehemaligen Ministerpräsidenten Franz Josef Strauß, Max Streibl, Edmund Stoiber und Erwin Huber. Für sie war die Position ein wichtiges Karrieresprungbrett.

Gerade weil die Parteipolitik bisher nicht Guttenbergs größte Stärke ist, ist das Amt für ihn erstrebenswert. »Ich maße mir nicht an, dass ich die Partei in allen Verästelungen kenne. Aber ich will sie kennenlernen«, sagt er.[56] Außerdem muss er dafür nicht sein Bundestagsmandat aufgeben, für einen Ministerposten in Bayern hingegen schon. Am 9. Oktober 2008 stellt Seehofer ihn als neuen Generalsekretär vor. Der designierte Parteichef und Ministerpräsident hat Wort gehalten und eine dramatisch verjüngte Spitzenmannschaft zusammengestellt. Er selbst wird mit seinen 59 Jahren das älteste CSU-Mitglied im bayerischen Kabinett. »Niemand über sechzig«, verkündet Seehofer zufrieden. Als er ein halbes Jahr später nach seinem 60. Geburtstag gefragt wird, ob er nun nicht nach eigenen Vorgaben zu alt für seine Regierung sei und an Rückzug denken müsse, wird er mit seinem gewissen Teddybärcharme nur lachen. Seine Nachfolgerin als Bundeslandwirtschaftsministerin, Ilse Aigner, ist 43, der neue bayerische Finanzminister Georg Fahrenschon

erst 40, der neue Umwelt- und Gesundheitsminister Markus
Söder 41. Viele altgediente CSU-Politiker scheiden aus. Es soll
ein Bruch sein, eine Mannschaft, mit der das erklärte Ziel 50 Prozent plus X wieder möglich ist. »Wenn das kein Neuanfang ist,
weiß ich nicht, was man noch machen soll«, sagt Seehofer.

Die Ernennung Guttenbergs macht diesen Neuanfang am
deutlichsten. »Eine wahrlich spektakuläre Berufung«, nennt es
die *Welt*. Es ist nach Ansicht vieler Beobachter Seehofers mutigste
Entscheidung, denn mit ihr definiert er auch die Aufgabe des
Generalsekretärs neu.[57] Die ist traditionell klar der Attacke zu-
geordnet, ein schmutziger Job. Der Generalsekretär soll der Vor-
kämpfer der Partei, ihr Scharfmacher und »Wadlbeißer« sein. Er
soll die Emotionen der Basis aufgreifen. Deshalb sorgt die Personalentscheidung Guttenberg für Verwunderung. Guttenberg
spricht nicht einmal mit bayerischem Akzent, sondern gestoche-
nes Hochdeutsch. Die erfolgreichen Generalsekretäre waren
hemmungslose Populisten, machten die Drecksarbeit für ihre
Chefs.

Markus Söder interpretierte das Amt des Generalsekretärs für
sich so, dass er sich zu allem und jedem zu Wort meldete, möglichst laut und möglichst provokant. Er galt als »Lautsprecher«
der Partei. Er wollte Schlagzeilen machen, egal wie absurd, egal
zu welchem Preis. So schlug er beispielsweise vor, die unter
15-Jährigen mit einem Ausgehverbot ab acht Uhr abends vor
Übergriffen zu schützen. Oder er schien Horst Köhler zu dro-
hen, eine Begnadigung des RAF-Terroristen Christian Klar sei
eine »Hypothek« für Köhlers Wiederwahl. Manche fanden diese
Äußerungen unseriös, aber andere verteidigten ihn damit, dass
er eben die Rolle des Generalsekretärs als »Stoibers Kettenhund«
lebe. Außerdem unterhielt er die Leute, wenn er beispielsweise
Gabriele Pauli als die »Tatjana Gsell der CSU« bezeichnete, und

sprach vielen Leuten aus dem Herzen, wenn er Altkanzler Schröder vorwarf, »sich durchs Land zu lügen«.

Doch diese Rolle passt nicht zum bekannt eigenwilligen Guttenberg, der lieber auf »argumentative Kraft« setzt. Vielleicht glaubt Seehofer, der neue Job würde Guttenberg zwangsläufig etwas linientreuer und kontrollierbarer machen. Ähnliches war schließlich bei den Kollegen zu beobachten. Ronald Pofalla galt als durch und durch kopfgesteuerter Jurist, der mehr durch Sachlichkeit überzeugen wollte als durch lautes Poltern. Doch als Generalsekretär übte auch er sich fleißig in Phrasen und Parteijargon. Die Wandlungen der Kollegen der SPD, Hubertus Heil, und der FDP, Dirk Niebel, verliefen ähnlich. Vielleicht ist Seehofer die Erneuerung aber auch wichtiger als ein »Kettenhund«. Mit Guttenberg hat er die Chance, der CSU ein neues Gesicht zu geben.

Seehofer hat das, wie er bei der Bekanntmachung sagt, »gewaltige politische Talent« Guttenbergs für sich entdeckt, sein Auftreten beeindruckt ihn. Der kommt mit seinem Selbstbewusstsein auch in Berlin an, das ist gerade mit Blick auf die Bundestagswahl in nur elf Monaten wichtig. »Ich erwarte von ihm, dass er ein argumentierender Generalsekretär wird«, sagt Seehofer, um den Kritikern zuvorzukommen. Dafür ist er bereit, auf lautes Getöse und einen Lautsprecher für die Stimmung in der Bevölkerung zu verzichten. Das ist gewagt in diesen Zeiten, wo die CSU zerrissener ist denn je. Durch dieses Wagnis hat Seehofer die steile Karriere Guttenbergs entscheidend gefördert. Bundeswirtschaftsminister wird Guttenberg nicht dank Seehofer, Generalsekretär hingegen schon. Und Guttenberg erkennt dies mit Loyalität im neuen Amt an.

Er definiert seine Position für sich neu. Das »Holzende, Rumpelnde und Polternde liegt mir nur bedingt«, sagt er. »Waden schmecken mir auch nur bedingt.« Es käme darauf an, die Dinge den Menschen zu erklären. Er möchte eine Rückkehr zur Sachlichkeit. Der designierte stellvertretende Generalsekretär, Wirtschaftspolitiker Alexander Dobrindt, etwa findet, dass in Zeiten der Finanzkrise die Sozialschiene von Seehofer goldrichtig sei: »Die Finanzkrise führt viele neoliberale Thesen ad absurdum.« Guttenberg hingegen hält diese Art der Kommunikation für gefährlich. »Wir bedienen sonst nur die Stimmung in der Bevölkerung. Genau das trägt zum Untergang der Volksparteien bei.« Guttenberg, das wird hier wieder deutlich, glaubt nicht an Populismus.

Als Generalsekretär sieht er seine dringende Aufgabe auch darin, die Partei mit Blick auf das anstehende Wahljahr wieder zu einen und zu motivieren. In den ersten zwei Monaten besucht er jeden Bezirk, um sich ein Bild über die Lage vor Ort zu machen. Er fliegt zehn- bis zwölfmal die Woche zwischen Berlin und München. Die Leitung der CSU-Zentrale, die auch als »Intrigantenstadl« verschrien ist, ist jedoch eine große Herausforderung. Guttenberg hat nie mit einem vergleichbaren Apparat gearbeitet. Obwohl er in seiner oberfränkischen CSU nun bestens vernetzt ist, fehlt ihm hier in München der Rückhalt. Man begegnet dem Baron, von dem man noch nicht viel weiß, mit abwartender bis skeptischer Haltung.

Viele der neuen Mitarbeiter, besonders in den Schlüsselpositionen, wurden zu Zeiten Markus Söders angestellt. Söder empfindet sich als Rivalen Guttenbergs. Nun muss Guttenberg mit Mitarbeitern klarkommen, die noch Loyalität gegenüber dem Mann empfinden, der ein Interesse an seinem, Guttenbergs, Misserfolg hat. Die Mitarbeiter wiederum fürchten, der neue Generalsekretär werde sie wegen genau dieser »falschen« Loyalität ersetzen. Nach der großen Umbesetzung in der Parteispitze fürchten ohnehin viele, ohne ihre alten Seilschaften auf dem Abstellgleis zu landen.

Doch Guttenberg plant nichts dergleichen. Er braucht den vollen Einsatz der Landesleitung, um die Partei aus ihrer Schockstarre zu befreien. Er ist überzeugt davon, dass es so kurz vor dem Superwahljahr keine großen Umbesetzungen und Unruhen geben darf. Nur eine neue Besetzung gibt es, genauer gesagt eine ganz neue Position: Guttenberg bringt seinen engsten Vertrauten aus seinem Berliner Abgeordnetenbüro mit, Philipp von Brandenstein. Für ihn schafft er die Stelle als Leiter der Strategie und Kommunikation. Noch ein Adeliger, spotten die neuen Kollegen, man könne ja das Franz-Josef-Strauß-Haus in der Nymphenburger Straße gleich in »Schloss Nymphenburg« umtaufen. Brandenstein soll die Führung dort übernehmen. Doch dazu kommt es nicht. Guttenberg fällt erstmals einer parteiinternen Intrige zum Opfer. Sie trifft ihn hart.

In den ersten Wochen unter Guttenberg und Brandenstein entbrennt in der CSU ein heftiger Machtkampf um die Ausrichtung für die Europawahl. Gebeutelt von dem Absturz bei der Landtagswahl und aus schierer Panik, bei der EU-Wahl unter die Fünf-Prozent-Hürde zu fallen, plädieren einige Parteisoldaten um den Geschäftsführer der Parteizentrale, Markus Zorzi, für einen harten Anti-Europa-Wahlkampf. Dazu gehört auch die von der Partei geforderte Volksabstimmung zum EU-Beitritt der Türkei. Peter Gauweilers Klage gegen den Lissabon-Vertrag, der die gescheiterte EU-Verfassung ersetzen sollte, passt wunderbar ins Bild. Angeblich gibt es deshalb sogar Stimmen, die Gauweiler zum CSU-Spitzenkandidaten für die Europawahl machen wollen. Die Europaskepsis entspräche der vorherrschenden Meinung in Bayern, so die Kalkulation, damit könne man punkten.

Diese Negativkampagne widerstrebt Guttenberg. Er und Brandenstein plädieren für einen liberaleren, Europa grundsätzlich bejahenden Kurs. Das wiederum passt einigen in der Parteizentrale nicht. Am Abend des 9. Dezember veröffentlicht die *Abendzeitung* auf ihrer Homepage ein Foto aus Brandensteins Jugendjahren, auf dem er den Hitlergruß zeigt. Brandenstein gibt an, das Foto nicht zu kennen, doch er entschuldigt sich gleich und bekennt seine Scham über diese Jugendsünde. Es handelt sich offensichtlich um ein Partyfoto, denn in der anderen Hand halten die Jugendlichen Bierflaschen oder -gläser. Auf dem Foto war Brandenstein 16 Jahre alt und, wie er selbst sagt, »offenbar schauderhaft betrunken.«[58]

Guttenberg weiß, dass das Bild nicht der Gesinnung Brandensteins entspricht. Doch es hat vernichtende Wirkungskraft. Er entlässt Brandenstein, noch bevor es überhaupt in der Printausgabe der *Abendzeitung* erschienen ist. Guttenberg ist eben kein Politiker, der über eine solche, durch den persönlichen Kontakt vergleichsweise weitreichende Entscheidung noch eine Nacht schlafen würde. Damit verhindert er, dass der Skandal sich entwickeln kann. Dennoch schlägt das Bild hohe Wellen. Es ist, als hätten alle auf einen Makel an diesem viel zu perfekt wirkenden Guttenberg gewartet. Selbst amerikanische Korrespondenten hören davon, bis nach Washington droht ihn die Affäre zu beschädigen.

Doch auch die Entlassung Brandensteins schadet ihm, denn sie vermittelt kein Bild von Stärke. Immerhin ist der sein engster Vertrauter, seit zwei Jahren arbeiten sie zusammen. Guttenbergs Familie war im Widerstand gegen Hitler. Hätte er mit diesem Hintergrund die Situation aussitzen können? Er bespricht sich lange mit Brandenstein. Der will zunächst kämpfen, sagt später: »Ich war zu allem entschlossen, ich wollte dagegen vorgehen.«[59]

Für Brandenstein ist der Gegner klar. Das Foto stammt aus der Zeit, als er in der Nürnberger Jungen Union aktiv war. Der Redaktionsleiter der *Abendzeitung* Nürnberg, Andreas Hock, war unter Markus Söder Pressesprecher der CSU-Landesleitung. Laut Brandenstein verkehren Söder und Hock mit vielen Bekannten aus dem privaten Umfeld seiner Jugend innerhalb der Jungen Union.[60]

Seitdem er ihn kenne, so Guttenberg, habe Brandensteins Denken und Handeln immer diametral zu diesem »unglaublich dummen Bild« gestanden. Er schätzt Brandenstein als »brillianten Kopf« und »eine der denkbar integersten Persönlichkeiten«. Doch der Schaden der Intrige ist hoch, und Guttenberg ist überzeugt, dass die Sache für Brandenstein nicht durchzustehen ist. Ihm ist auch das Seilschaftsdenken der CSU-Funktionärspolitiker fremd. Dieses Denken beinhaltet Loyalität ganz im Sinne Machiavellis nicht als edle Geste, sondern als Leihgabe, die man zurückerwartet, wenn man selbst im Feuer steht. Das verbindet. Guttenbergs Handeln signalisiert seinen Mitstreitern, dass er bei gewissen Fehltritten kurzen Prozess macht. »Das macht einsam«, sagt ein Beobachter, der das Geschäft schon lange kennt, »bei einem Helmut Kohl wäre solches Verhalten undenkbar gewesen.«

Brandenstein verschwindet sang- und klanglos, um dem Chef nicht zu schaden. Sein Verlust mag schmerzlich sein in einer Zeit, in der Guttenberg mehr denn je auf loyale Mitarbeiter angewiesen ist. Die Landesleitung und das Bundestagsmandat zu vereinbaren ist ohnehin eine Zerreißprobe. Der vormalige Generalsekretär Bernd Protzner, dessen Wahlkreis Guttenberg 2002 übernahm, hatte dies bereits ohne Erfolg versucht. Die Logistik, das permanente Pendeln zwischen Berlin und München, ist so mühselig, dass die Familie beschließt, eine Bleibe in München zu nehmen. Frau zu Guttenberg findet eine Wohnung, bestellt die Küche, Betten und Matratzen.

Inhaltlich ist Guttenberg omnipräsent. Er beginnt mit großer Leidenschaft, die Schwesterpartei zu nerven. Die Verbitterung über die fehlende Unterstützung der CDU im Landtagswahlkampf sitzt bei der CSU tief. Beim in Bayern hoch emotionalen Thema der Pendlerpauschale hätte die CSU ein Signal der CDU-Vorsitzenden Merkel, dass eine Rückkehr zum Zuschlag ab dem ersten Kilometer möglich sei, bitter nötig gebraucht. Doch sie gab keinen Millimeter nach.

Guttenberg findet mitten im Sturm der größten Finanzkrise der Bundesrepublik und kurz nach dem großen Bankenkollaps sein Reizthema: Steuersenkungen. Über Funk, Fernsehen, Print oder Pressemitteilungen drängt er im November und Dezember fast täglich auf Entlastungen. Bei der Parteispitze erntet er dafür große Anerkennung, sein Start ins Amt gilt als geglückt. Einer von ihnen sagt:»Es ist, als habe er sofort begriffen, mit welchem Thema er der CDU am meisten wehtun und seiner CSU am meisten Profil geben kann.«

Die Christdemokraten sind dementsprechend irritiert. Guttenberg ist kein Krawallmacher, den man einfach belächeln kann. Das macht ihn so gefährlich. Den CDU-Parteitag Anfang Dezember in Stuttgart nutzt er als seine eigene Bühne. Kaum hat Angela Merkel als Vorsitzende ihre Rede beendet, präsentiert er sich vor dem Saal den Journalisten, um, getarnt als Lob, seine Forderungen zum x-ten Mal zu wiederholen. Seine Partei bleibe »liebevoll hartnäckig«, sagt er mit einem Lächeln. Er werde weiterkämpfen.»Jetzt müssen wir eben die Herzen der Menschen erobern.« Weil es den CDU-Größen stinkt, dass Guttenberg ihren Parteitag für seine Botschaften nutzt, wird CDU-Generalsekretär Ronald Pofalla abgestellt, um Guttenberg gewissermaßen zu beschatten. Neben jeder Kamera, in die Guttenberg spricht, steht nun auch Pofalla.

Seehofer ist zufrieden mit seinem Generalsekretär. Nun braucht er ihn für einen Knochenjob. Seehofer sähe gern Strauß-Tochter Monika Hohlmeier, wenn nicht als Spitzenkandidatin, so doch wenigstens auf einem sicheren Listenplatz für die Europawahl. Sie sei ein »Zugpferd für die Wähler«, lautet die offizielle Begründung. Die ist interessant, weil Hohlmeier bei Partei und Wählern nicht besonders beliebt war. 2005 musste sie als bayerische Kultusministerin und Münchner CSU-Vorsitzende wegen diverser Skandale zurücktreten, in denen es um Stimmenkäufe der Münchner CSU bis hin zu Erpressungsversuchen ging. Fortan war sie in der Partei isoliert, ihre Karriere schien am Ende. 2008 kandidierte sie wieder für den Landtag und scheiterte. Nun soll Guttenberg es richten. Er setzt die Oberbayerin Hohlmeier als oberfränkische Kandidatin für das Europaparlament durch. Mitte Dezember gibt der oberfränkische CSU-Vorstand überraschend ihre Nominierung bekannt.

Verdiente Europapolitiker der CSU sind entsetzt. Eine gescheiterte Ministerin und Landtagskandidatin als Kandidatin für die EU? Nicht nur die, die sich intensiv der Europapolitik verschrieben haben, fühlen sich verhöhnt. Hohlmeier soll den begehrten, weil als sicher geltenden Listenplatz sechs bekommen. Die CSU hat in Brüssel bislang nur neun Abgeordnete. Ihr Platz wäre also sicher, wenn die CSU über die in Bayern nötigen 35 Prozent käme. Aber welche Qualifikationen besitzt Frau Hohlmeier? War es nicht gerade diese »Hinterzimmerpolitik«, diese undemokratische Personalentscheidung von oben, die Guttenberg bisher so kritisiert hatte? Auch die Franken sind wütend: Es wird gemutmaßt, Guttenberg habe einfach blind den Wunsch Seehofers ausgeführt. Es hagelt aufgebrachte Leserbriefe in den

Lokalblättern. Eine Frau schreibt, als Oberfränkin fühle sie sich von ihm, der ja Erneuerung versprochen hatte, »persönlich geohrfeigt«. Ein Mann schreibt an Guttenberg: »Ihr Großvater hatte politisches Rückgrat. Sie sind leider nur die Marionette von Herrn Seehofer.«

Die Weihnachtsfeiertage verbringt Guttenberg wie immer mit seiner Frau und den Kindern in einer Mietswohnung in den Bergen. Die Alpensonne lässt einigen Tumult der letzten Wochen vergessen. Doch trotz der Familienabende vor dem Kamin kann er sich seiner Parteifunktion nicht entziehen. Oft sitzt er danach bis spätnachts an seiner Korrespondenz, redigiert Interviews oder schreibt Gastbeiträge für Zeitungen.

Es gilt, die Fäden nicht aus der Hand zu lassen. Die Entrüstung über Hohlmeiers Nominierung hat sich noch nicht gelegt, ihre Kandidatur ist keineswegs sicher. In Bayreuth demonstrieren CSU-Mitglieder gegen sie, es gibt publikumswirksame Parteiaustritte. Die Europaabgeordnete Gabriele Stauner wird ebenfalls für den sechsten Listenplatz vorgeschlagen. Am 17. Januar 2009 kommt es zu einer Kampfabstimmung in der Münchner Hanns-Seidel-Stiftung. Die Stimmung ist gespannt. Bei der Vorstellung Hohlmeiers verlassen die Delegierten der Münchner CSU, die sie bis vor vier Jahren geleitet hat, fast geschlossen den Saal. Doch dann gewinnt Hohlmeier die Abstimmung mit 165 zu 115 Stimmen.

Für Seehofer ist die Ernennung Hohlmeiers ein voller Erfolg. »Bei uns läuft es offen, transparent und fair. Darüber bin ich glücklich«, sagt er stolz. Im Übrigen sei die Analyse der Wahlniederlage nun abgeschlossen, jetzt solle die Partei wieder mehr »in die Zukunft blicken«. Seehofer geht gestärkt aus der Affäre hervor, Guttenberg nicht. Sein Image des besonnenen Generalsekretärs, der strategisch statt taktisch denkt, bekommt einen ersten

Kratzer. Er wird sich darauf gefreut haben, bei der Münchner Sicherheitskonferenz Anfang Februar 2009, die er bereits zum siebten Mal besucht, den Untiefen der Parteiarbeit vorübergehend zu entkommen. Vielleicht hat seine Bereitschaft, sich für Seehofer in die Bresche zu werfen, auch dazu beigetragen, dass seine 99 Tage als Generalsekretär dort ihr spektakuläres Ende finden.

KAPITEL 5

PLÖTZLICH MINISTER

Die Hauptrolle in München wird einer spielen, der gar nicht dabei ist. Es ist zwar die Elite der weltweiten Sicherheitspolitik vor Ort, neben der Bundeskanzlerin ein Dutzend weiterer Staats- und Regierungschefs. Doch das Geschehen wird der amtsmüde Wirtschaftsminister Michael Glos bestimmen.

Ein inoffizieller Auftakt ist am Freitag das traditionelle Abendessen der Deutsch-Amerikanischen Freundschaft im Restaurant »Käfer«. Der Münchner Anwalt Wolfgang Seybold lädt schon zum 28. Mal die Spitzen der US-Delegation dazu ein und mischt sie mit deutscher Industrie- und Unternehmerprominenz, Adel und hübschen Frauen. Seitdem Bundeskanzlerin Angela Merkel dieses gesellschaftliche Ereignis 2006 dem offiziellen Empfang der Sicherheitskonferenz vorzog und damit für einen kleinen Skandal sorgte, gilt es als höchst exklusiv. Bis auf ein paar Journalisten sind keine Normalsterblichen geladen, auch Guttenberg nicht, der noch als solcher gilt.

Doch am Nachmittag sagen die amerikanischen Senatoren, darunter auch John McCain, ihre Teilnahme überraschend ab, weil sich die Abstimmung über das 787-Milliarden-Dollar-Konjunkturpaket im Kongress hinzieht. Seybold bedauert einer Journalistin gegenüber den großen Ausfall, der seine ganze Tischordnung über den Haufen werfe. Sie schlägt vor, Guttenberg mitzubringen, er sagt »Okay« und Guttenberg spontan zu. Noch ahnt niemand, dass es wohl für lange Zeit das letzte Mal ist, dass Guttenberg als Ersatz nachgeladen wird. In nur ein paar Tagen werden sich alle Gastgeber um ihn reißen.

Im »Käfer« begrüßen sich Guttenberg und Henry Kissinger, legendärer amerikanischer Außenminister unter den Präsidenten Richard Nixon und Gerald Ford, herzlich. Sie kennen sich schon einige Jahre. Zuletzt saßen sie gemeinsam bei einer Podiumsdiskussion in der New Yorker Carnegie Hall im Jahr 2007 auf der Bühne. Damals freute sich Kissinger, dass er nun schon mit dem Sohn seines alten Freundes, dem Staatssekretär, über Politik reden dürfe. »Ich bin der Enkel«, sagte Guttenberg mit einem Lächeln, und Kissinger, immerhin schon 84-jährig, sagte leicht resigniert, jetzt fühle er sich doch etwas alt.

Zum Abendessen wird deutscher und kalifornischer Wein serviert, auch an stärkeren Drinks mangelt es nicht. Die Stimmung ist ausgelassen, obwohl gefühlt mehr Sicherheitsleute als Gäste anwesend sind. Tief dekolletierte Damen, die trotz Nachbesserung als ältere Semester zu erkennen sind, umschwärmen bevorzugt US-General James Jones, den sie Jim nennen und, wie sie sagen, schon »ewig« kennen. Er kommt seit 28 Jahren zur Konferenz, von Beginn an auch zum Abendessen. Der 1,93-Meter-Mann mit den knallblauen Augen hat nicht an Attraktivität eingebüßt, seit er gerade zum Sicherheitsberater von US-Präsident Barack Obama ernannt wurde. In seiner Tischrede scherzt er, dieses Abendessen sei jedes Jahr der eigentliche Grund, warum er überhaupt zur Sicherheitskonferenz komme. Als der Gastgeber redet und dabei politisch nicht ganz korrekt bleibt, schüttelt sich Jones vor Lachen. »I live for this speech«, ruft er begeistert. Dann bekommt Henry Kissinger, der mit Liz Mohn, Witwe des langjährigen Bertelsmann-Chefs und -Eigentümers Reinhard Mohn, ins Gespräch vertieft ist, das Mikro in die Hand gedrückt.

Kissinger zaubert aus dem Stegreif ein rhetorisches Meisterstück hervor. Wer dieses Land wie er nach dem Krieg in Trümmern gesehen habe und es mit dem heutigen Deutschland vergleichen könne, der wisse, wozu es in der Lage sei. Der könne nur voller Zuversicht in die Zukunft blicken, dass man auch die neuen Herausforderungen der globalisierten Welt gemeinsam meistern werde. Nur ein paar Minuten redet Kissinger mit seinem summenden Bass. Es sind keine weltbewegenden Worte, doch jeder Satz sitzt, und die Zuhörer sind ergriffen. Was können wir von deutscher Seite darauf erwidern, denkt sich Seybold, und vor allem: wer? Wer kriegt das auch noch auf Englisch hin? Sein Blick fällt auf Guttenberg. »Würden Sie? Sie können das doch!« Der greift das Mikrofon, sammelt sich einen Augenblick und steht auf.

Es ist schwer, nach einer Rede des großen Kissinger zu leuchten, also beansprucht ihn Guttenberg kurzerhand für sich. Er möchte höflichst anmerken, sagt Guttenberg in mühelosem Englisch, dass Kissinger ja ursprünglich nicht aus Bayern stamme, sondern genauer gesagt aus Franken, und dass er als Franke auch sehr stolz auf diesen Export sei, der die amerikanische Politik der letzten 50 Jahre ja maßgeblich mit geprägt habe. Kissinger lacht. Ein paar Sätze noch zu den wichtigen gemeinsamen Aufgaben der transatlantischen Gemeinschaft, zu ihrer nach wie vor zentralen Bedeutung, dann schließt Guttenberg, begleitet von großem Applaus. Was jetzt genau dieser »General Secretary« der lokalen bayerischen Partei macht, damit können die Amerikaner nicht viel anfangen. Doch er hat Eindruck gemacht, man spricht über ihn.

Auch sein Chef Seehofer würde an diesem Wochenende gern punkten. Es soll sein erster großer Auftritt auf internationaler Bühne werden. Am Samstag darf er als Gastgeber den neuen amerikanischen Vizepräsidenten Joe Biden zu einem Abendessen in der Münchner Residenz empfangen. Bundeskanzlerin Angela Merkel hat bereits abgesagt. Er, Seehofer, wird im Mittelpunkt stehen. Das Scheinwerferlicht der Weltöffentlichkeit wird auf München gerichtet sein, und Seehofer wird sich darin sonnen, unterstützt von seinem weltgewandten Generalsekretär. Soweit jedenfalls der Plan.

Wenn da nicht Wirtschaftsminister Glos wäre, der sich seinem Empfinden nach jetzt lange genug über die fehlende Unterstützung durch seinen Parteichef in der Bundespolitik geärgert hat.[61] Und über die Kanzlerin, von der er sich in der Wirtschaftskrise vorgeführt fühlt. Statt auf ihn zu setzen, überlässt sie das Rampenlicht ihrem Finanzminister Peer Steinbrück von der SPD. Schon länger will Glos das Amt hinwerfen, das er ja von Anfang an gar nicht wollte, auch weil er wusste, dass er nicht dafür geschaffen war. Er sprang damals nur ein, weil Stoiber kniff. Im Bundeswirtschaftsministerium vermuten Mitarbeiter bereits im Dezember, Glos erwäge seinen Rücktritt. Als der dann ausbleibt, glaubt man, der Minister werde nun doch die Legislaturperiode vollenden, auch um nicht als Sündenbock für mögliche Wahlverluste herhalten zu müssen. Doch Glos wartet nur auf seine Stunde. Bereits im Januar bestellt er sich voller Vorfreude einen 3er-BMW, lässt ihn sogar zur Probefahrt ins Ministerium kommen. Eine Bestellung, die für einen Minister mit Dienstlimousine und zwei Fahrern nur dann Sinn ergibt, wenn er eben nicht vorhat, es noch lange zu bleiben.

Einen idealeren Zeitpunkt als Samstag, den 7. Februar, hätte Glos sich für seinen Rücktritt kaum erträumen können. Er ist zwei Tage zuvor mit einem Leihwagen, auch das höchst ungewöhnlich für einen Minister, nach Hause nach Prichsenstadt in Franken gefahren. Er macht sich ein entspanntes Wochenende, spielt gemeinsam mit seiner Frau Ilse mit den Enkeln.[62] Kurz vor 16 Uhr faxt er sein Rücktrittsschreiben an Seehofers Privatnummer in Ingolstadt, also dahin, wo Seehofer es mit Sicherheit nicht gleich zu sehen bekommt. Parallel wird es der *Bild am Sonntag* zugespielt. Dann informiert Glos seinen Sprecher Steffen Moritz. Noch während des Telefonats klopfen die ersten Gespräche bei Moritz an. »Kann es sein, dass das schon über Agentur läuft?«, fragt Moritz. Es läuft – und wie. Um Punkt 16 Uhr hat die *Bild am Sonntag* die Nachricht auf die Drähte gegeben. Sie schlägt auf der durch höchste Sicherheitsmaßnahmen perfekt abgeriegelten Konferenz in München ein wie die sprichwörtliche Bombe.

Bundesaußenminister Frank-Walter Steinmeier gibt im Wintergarten des Hotels »Bayerischer Hof« gerade eine Pressekonferenz. Er möchte über Afghanistan sprechen. Joe Biden hat in seiner Rede gesagt, Amerika werde dort mehr Unterstützung brauchen. Steinmeier möchte jetzt erklären, dass Biden damit nicht etwa mehr deutsche Soldaten meint, auch wenn es so klingt, sondern den Einsatz der Deutschen sehr wohl zu würdigen weiß. Doch das interessiert die Journalisten nicht mehr. »Ist der Rücktritt des Bundeswirtschaftsministers ein Verlust für das Kabinett?«, fragt einer.

Steinmeier und sein Sprecher Jens Plötner schauen sich an. Plötner flüstert seinem Chef etwas zu. »Wir haben das auch gerade erst gehört und wissen noch nicht mehr als Sie«, sagt Steinmeier. Daher wolle er sich dazu nicht äußern. Im Vorraum sitzt Innenminister Wolfgang Schäuble mit einer Mitarbeiterin. »Die

Bild am Sonntag meldet den Rücktritt von Glos«, erklärt sie ihm die Unruhe. Schäuble wird von Journalisten umringt, wehrt gleich ab: »Ich sage dazu nichts.« Er versucht, sich mit seinem Rollstuhl einen Weg zu bahnen, doch der wird immer wieder von Kamerateams verstellt. Schäuble reagiert ungehalten. »Ich habe gesagt, dass ich dazu nichts sage, jetzt lassen Sie mich durch, verdammt noch mal!«

So schafft es Glos mit seinem Überraschungscoup, alle Kollegen hilflos aussehen zu lassen, doch keinen mehr als Seehofer. Der erfährt die Nachricht vom Rücktritt seines CSU-Ministers per SMS.[63] Er kommt gerade aus einem Gespräch mit dem russischen Außenminister, ist auf dem Weg zu dem schwedischen, als Journalisten ihn umlagern. Ein Fax soll er bekommen haben, hört er. Er weiß von nichts. Bemüht, so zu wirken, als hätte er alles unter Kontrolle, erklärt Seehofer kurzerhand, er werde den Rücktritt nicht annehmen. Das sagt auch die Kanzlerin, mit der Glos gerade telefoniert. Sie wollte er dann doch persönlich informieren. Er erwischt sie auf dem Weg zum Münchner Flughafen, um von dort zurück nach Berlin zu fliegen. Vergeblich versucht sie, Glos umzustimmen. Er solle doch den Blödsinn sein lassen und im Amt bleiben, schimpft sie. Glos bleibt seelenruhig: »Die Kugel ist aus dem Lauf, Angela.«[64]

Seehofer und Guttenberg bemühen sich um Krisenmanagement. Zunächst gilt es, das Fax aufzutreiben, doch in der Staatskanzlei kann man es nicht finden. Glos geht nicht ans Telefon. Guttenberg telefoniert mit der Bild am Sonntag, die das Fax vorliegen hat. Er spricht mit dem verantwortlichen Chefkolumnisten Martin S. Lambeck, einem uralten Glos-Freund noch aus Bonner Tagen. Der schildert Guttenberg die Abläufe. Eines sei ganz sicher: Glos mache nicht weiter, das könne man sich abschminken. Und übrigens werde er, Guttenberg, als potenzieller Nachfolger in Lambecks morgiger Kolumne genannt: »Da kommt was auf Sie zu.« Dass etwas auf ihn zukommen sollte, erscheint Guttenberg reichlich abwegig. Doch er weiß auch: In der Politik ist alles möglich.

Die Sicherheitskonferenz mit ihren Stargästen interessiert nun niemanden mehr. Vorbei der Traum von der großen internationalen Bühne. Die Situation in der Staatskanzlei darf man sich ziemlich chaotisch vorstellen: Während 500 hochkarätige Gäste in der Residenz erwartet werden, arbeiten nervöse Beamten fieberhaft daran, das Glos-Schreiben aufzutreiben. Die Kanzlerin erklärt dem Ministerpräsidenten, Glos habe sie angerufen, doch Seehofer selbst kann Glos immer noch nicht erreichen. Die Presse hat das Fax, Seehofer nicht, die Kanzlerin ist informiert, Seehofer nicht. Er wird immer ungeduldiger. Dann, endlich, entdeckt seine Frau das Schreiben zu Hause in Ingolstadt.

Er gehe aus Altersgründen, hat Glos, der mit 64 nur vier Jahre älter ist als Seehofer, darin geschrieben. Seehofer wird öffentlich immer Verständnis für Glos äußern. Er hege keinen Groll, und obwohl die Situation etwas ärgerlich gewesen sei, treffe er, Seehofer, ja auch nicht immer den richtigen Ton. Doch an diesem Abend ist er mehr als irritiert. Beim großen Abendessen mit dem amerikanischen Vizepräsidenten sieht er sich sogar gezwungen, einen diplomatischen Affront zu begehen. Er lässt ihn, der neben ihm platziert ist, während des Essens vorübergehend allein sitzen, um sich mit seinem Landesgruppenvorsitzenden Peter Ramsauer zu beraten. Es ist, für alle ersichtlich, sein Eingeständnis, dass die Lage außer Kontrolle ist.

Am Sonntag telefoniert Guttenberg mit seiner Frau, die über die Faschingsferien mit den Töchtern zu ihren Eltern in die Berge gefahren ist. Eigentlich hätte er noch nachkommen sollen, doch daraus wird nichts. Als er erzählt, dass über ihn als Glos-Nachfolger spekuliert wird, ist ihr erster Gedanke: »Das geht alles ganz schön schnell!« Stephanie zu Guttenberg ist noch dabei, sich an das Leben an der Seite des Generalsekretärs zu gewöhnen. Die Betten für die Münchner Wohnung sind noch nicht einmal geliefert. Noch pendelt die Familie zwischen Oberfranken und Berlin. Doch sie fasst sich schnell. Sie sprechen gemeinsam Fragen durch, sind sich bald einig. »Wenn einem ein solches Amt angetragen wird, dann muss man es annehmen – und zwar mit Freude«, wird Frau zu Guttenberg später sagen. »Wer das aus politischer Taktiererei ausgeschlagen hätte, der wäre im falschen Job.«[65] Ihr Ururgroßvater, der »Eiserne Kanzler« Otto von Bismarck, hätte der Lage vielleicht mit seinem berühmten Zitat eine schicksalhaftere Dimension gegeben: »Der Staatsmann kann nie selber etwas schaffen, er kann nur abwarten und lauschen, bis er den Schritt Gottes durch die Ereignisse hallen hört; dann vorzuspringen und den Zipfel seines Mantels zu fassen, das ist alles.« Seiner Ururenkelin liegt Pathos fern, sie bleibt sachlich. Auch wenn sie sehr wohl weiß, dass die Bereitschaft ihres Mannes, ins Kabinett zu gehen, zumindest waghalsig ist.

Die Gefahr, sich im Amt des Wirtschaftsministers mitten in der schwersten Wirtschaftskrise seit dem Zweiten Weltkrieg für immer politisch zu verbrennen, ist groß. Wäre der Aufstieg nicht zu schnell, der Neid der sogenannten Parteifreunde nicht zu vernichtend? Vorsichtigere Gemüter hätten sich gleich aus dem Gespräch gezogen. Peter Ramsauer zum Beispiel. Als Landesgruppenchef der CSU in Berlin wäre er ein logischer Nachfolger von Glos. Auch der wurde ja aus der Position des Landesgruppenchefs heraus ins Kabinett berufen, war Ramsauers direkter und sehr erfolgreicher Vorgänger. Doch Ramsauer macht sofort klar, dass er nicht daran denkt, ins Wirtschaftsministerium überzusiedeln. Als Landesgruppenchef hat er eine zentrale Position in der Unionsfraktion und in der CSU, ist im Koalitionsausschuss dabei, den er nicht zu Unrecht als »zentrale Schaltstelle übergeordneter Entscheidungen« der Regierung bezeichnet. Außerdem soll er als CSU-Spitzenkandidat in die Bundestagswahl gehen. Warum sollte er diese ideale Position aufs Spiel setzen? Ramsauer wird später sagen, in Zeiten großer Umwälzungen müsse die Landesgruppe stabil, ein »Hort der Kontinuität« bleiben. In schwierigen Zeiten wechsle man nicht die Pferde. Das ist für ihn die Nummer sicher.

Guttenberg hat unmittelbar weniger zu verlieren als Ramsauer, und er tickt anders. Er habe sich die Frage gestellt, ob er »politische Verantwortung übernimmt oder sich wegduckt«. Den Job auszuschlagen, das wäre »Wegducken« gewesen, also wenig ehrenhaft. Bei ihm habe »die Lust an der politischen Verantwortung« gesiegt, »die war immer schon bei mir da«.[66] Mit anderen Worten: die Lust auf Macht. Außerdem traut sich Guttenberg prinzipiell alles zu. »Die anderen kochen auch nur mit Wasser«, kommentiert er den Antritt des Ministeramtes, als sei es ein Pappenstiel. Er mag Druck. Auf Nummer sicher gehen ist nichts für ihn.

Seine Frau schläft in dieser Nacht wenig. Ihre Gedanken kreisen um die Familie. Was würde der Schritt ins Kabinett für die Kinder bedeuten? Doch noch ist alles reine Spekulation und Guttenberg keineswegs Seehofers erste Wahl. Der trifft sich am Sonntagabend mit Glos und Ramsauer zu einem Geheimgespräch in der Münchner Staatskanzlei.[67] Seehofer sähe gern seinen Freund, den Schrobenhausener Lokalunternehmer Thomas Bauer, als Glos-Nachfolger. Er telefoniert mit der Bundeskanzlerin und schlägt ihn ihr vor. Was sie denn davon halte? »Nüscht«, antwortet die Kanzlerin in schönstem Märkisch. Sie erinnert sich zu gut an den Ärger, den sie mit der Berufung des

Steuerexperten Paul Kirchhof in ihr Schattenkabinett im Wahlkampf 2005 hatte. Der damalige Bundeskanzler Gerhard Schröder nannte ihn den »Professor aus Heidelberg«, der den Nachtarbeitern ihre steuerfreien Nachtzuschläge nehmen wolle. Zu einfach war es, seine Theorien als weltfremd und akademisch abzustempeln. Das hätte Merkel damals fast den sicher geglaubten Wahlsieg gekostet, noch einmal wird sie dieses Risiko nicht eingehen, wegen CSU-interner Querelen schon gar nicht. Einen Outsider als neuen Wirtschaftsminister kann sie jetzt, ein halbes Jahr vor der Bundestagswahl, nicht gebrauchen. Wer weiß, was spitzfindige Journalisten in den Tiefen seiner Bilanzen ausgraben würden. Bauer wird sie nicht akzeptieren. Sie will einen Insider, der in der Politik schon auf Herz und Nieren getestet ist. Ihr Wunschkandidat ist der bayerische Finanzminister Georg Fahrenschon. Er gilt als exzellenter Fachpolitiker, als sachlich und umgänglich. Außerdem ist er jung, auf den Tag genau 40 Jahre alt, und macht was her. Der wäre doch was!

Das jedoch geht für Seehofer auf gar keinen Fall. Seehofer schätzt ihn, in Bayern ist er allein schon wegen des Chaos in der Bayerischen Landesbank unabkömmlich. Außerdem wäre es wohl ein zu großer Gesichtsverlust, sich von der Kanzlerin ins bayerische Kabinett hineinregieren zu lassen. Er lehnt entschieden ab und überlegt, was er der Kanzlerin bieten kann und ihm nicht wehtut. Guttenberg?, schlägt Seehofer vor. Damit wäre auch dem Regionalproporz in der CSU Rechnung getragen, nach dem die wichtigen Posten einigermaßen gleichmäßig auf Franken und Bayern verteilt werden. Glos ist Franke, wie Guttenberg. Die Kanzlerin kennt und schätzt ihn. Seine Fernsehauftritte haben ihr gefallen. Bloß das viele Gel, ob er da nicht weniger nehmen könne? Er ist etwas zu auffallend, nicht ganz ihr Typ, die unscheinbareren Gestalten liegen ihr mehr. Doch sie ist neugierig auf Guttenberg, und ihre Neugierde ist stark. Sie nimmt an. Der gemeinsame Findungsprozess macht deutlich, dass Guttenberg kein Minister von Seehofers Gnaden ist. Er ist weder Seehofers noch Merkels erste Wahl, sondern ein gemeinsamer Kompromiss. Seehofer sagt das selbst, als er Guttenberg vorstellt.

Sonntagnacht hört Guttenberg vom Verlauf der Gespräche. Nach wenigen Stunden Schlaf, am Montagmorgen um halb sieben, ruft Seehofer ihn an. Guttenberg sitzt bereits im Auto und hört Nachrichten. Darin heißt es, Guttenberg habe Bedingungen gestellt, unter denen er die Glos-Nachfolge antreten würde. Für die Zeit nach der Bundestagswahl wolle er den Vorsitz der CSU-Landesgruppe in Berlin, um zumindest ein Ticket zurück auf einen Parteiposten zu haben. Doch zwischen Seehofer und Guttenberg gibt es keine Absprachen über Bedingungen, beide werden derartige Spekulationen weit von sich weisen.

Die schnelle Verbreitung des Gerüchts zeugt aber von der Ungläubigkeit einiger Beobachter, dass Guttenberg seine Karriere ganz ohne Absicherung für einen auf acht Monate begrenzten Ministerposten aufs Spiel setzen will. Eine traumhafte Gelegenheit sieht anders aus. Natürlich sind die Gerüchte auch das Werk der Neider in der Partei, die Guttenberg noch schaden wollen, bevor er für das Amt offiziell gesetzt ist. Doch Seehofer ist unbeirrt und teilt Guttenberg die definitive Entscheidung mit: Er ist der neue Wirtschaftsminister, als solchen will er ihn noch am Morgen auf einer Pressekonferenz in München offiziell vorstellen. Es ist höchste Zeit, die Unruhen des Rücktritts zu beenden. Die Medien sprechen schon von einer »Schockstarre«, in welche die CSU gefallen sei, von »beispiellosem Polittheater« und einem »fatalen Krisenmanagement«, dessen Seehofer nicht mächtig werde.[68]

Guttenberg ruft bei seiner Frau an, sie gratuliert ihm. Dann spricht er mit seinen Töchtern. Er erklärt ihnen, was ein Minister so macht. Die beiden reagieren gelassen.»Jetzt hat der Papi schon wieder eine neue Arbeit«, sagt Anna nach dem Gespräch zu ihrer Mutter. Sie unterbrechen ihr Uno-Spiel, um im Fernsehen den Beginn der Pressekonferenz zu sehen.»Guck mal, der Papi!«, rufen sie stolz. Und dann ist die Aufregung auch schon wieder vorbei:»Können wir jetzt weiterspielen?«[69]

So einvernehmlich Seite an Seite wie bei der Pressekonferenz in der Münchner Hanns-Seidel-Stiftung wird man Seehofer und Guttenberg nach dieser Woche nicht mehr erleben. Seehofer wirkt erleichtert, gibt sich gönnerhaft. Guttenberg sei zwar nicht der »geborene Nachfolgekandidat«, gesteht er ein, aber ein Ergebnis »sorgfältiger Güterabwägung«. Dass dabei auch die landsmannschaftlichen Aspekte eine Rolle spielten, will er nicht verhehlen:»Wir wollen, dass Franken stark vertreten ist.«

Der zu erwartenden Kritik, Guttenberg habe kein wirtschaftspolitisches Profil, sondern sei Außenpolitiker, begegnet Seehofer mit einem Hinweis auf dessen Praxiserfahrung im Familienunternehmen.»Er ist jung, sehr jung«, sagt Seehofer. Aber genau das wolle er eben auch im Zuge der Erneuerung. Er habe Guttenberg »mit Kusshand« genommen:»Ich bin überzeugt, der hat das Zeug.« Dann gerät der Parteivorsitzende noch ins Schwärmen, spricht vom »beneidenswerten Auftreten« Guttenbergs, auch das in dieser Form wohl zum letzten Mal. Mit dem britischen Außenminister David Miliband habe Guttenberg am Samstag auf der Sicherheitskonferenz »auf Augenhöhe« komplizierte wirtschaftliche Fragen diskutiert, in fließendem Englisch, sodass man glatt neidisch werden könne.

Diese Äußerung Seehofers wird viel Spott auf sich ziehen. Das Kriterium der CSU für einen Ministerposten sei nun also beschränkt auf die Kenntnis einer Fremdsprache, klagt die Opposition. Keine Kompetenz bringe er mit, und das sei gerade in

Zeiten der Wirtschaftskrise unverantwortlich, ja geradezu ein Offenbarungseid der gesamten Union. »Von der Schlafpille zum Azubi«, spottet der stellvertretende Fraktionsvorsitzende der Grünen, Jürgen Trittin, über den Wechsel von Glos zu Guttenberg.

Seehofers Hinweis auf die wirtschaftliche Praxiserfahrung Guttenbergs ist auch nicht ganz glücklich. Tatsächlich hat Guttenberg, wie er selbst sagt, »teilnehmen dürfen« am Börsengang der Rhön-Kliniken, den seine Familie »mit begleitet« habe. Zum Zeitpunkt des Börsengangs war er jedoch gerade 18 Jahre alt. Im Aufsichtsrat der Kliniken saß er erst Jahre später. Im eigenen Familienunternehmen war er immerhin Geschäftsführer. Doch mit viel Praxiserfahrung kann er nicht punkten, und deshalb gibt er diesem möglichen Mangel gleich einen positiven Dreh. Man habe es derzeit mit »einer der größten Krisen« zu tun. »Finanzkrise!«, ruft Seehofer mit erhobenem Zeigefinger eilig dazwischen. Nicht dass jemand diese Bezeichnung dem Zustand der Partei beimesse. »Natürlich, Finanzkrise«, stellt Guttenberg klar: »Für diese Situation gibt es kein Lehrbuch, da ist ein hohes Maß an Kreativität gefragt.« Außerdem begrenze die wirtschaftliche Lage ohnehin den Handlungsspielraum: »Ein Großteil der wirtschaftlichen Akzente ergibt sich schon aus der Situation, in der wir sind.«

Dennoch gibt er einen Einblick in seine Überzeugungen. Sein Leitstern sei eine wertegebundene Marktwirtschaft. Als Schlüsselsatz darf gelten: »Der Staat ist nicht der bessere Unternehmer.« Der Kompass sei die soziale Marktwirtschaft, sagt er, spricht dann aber auch von der »Umsetzung freimarktwirtschaftlicher Themenkomplexe«. Dass er es damit ernst meint, wird er mehr unter Beweis stellen, als Seehofer lieb ist. Auch in einem Interview vor seiner Ernennung hat Guttenberg sich bereits als

»mehr marktliberal« bezeichnet. Er befürwortet mehr Eigenverantwortung, weniger Steuern, im Zweifel gegen Subventionen, was man natürlich nicht sagen darf. Damit hat er sich – wen mag es noch überraschen – auch gegen die Parteilinie gestellt. Die vorübergehende Abschaffung der Pendlerpauschale etwa, die der CSU an der Basis so zu schaffen machen sollte, hielt er für »ordnungspolitisch richtig«. Auch stimmte er im Bundestag gegen die Gesundheitsreform.

Guttenberg lässt sein Selbstbewusstsein heute nicht sprühen. Er lächelt nur einmal kurz, als sein Chef ihn lobt, ist ansonsten konzentriert und gibt sich demütig. Natürlich sei es eine große Herausforderung, vor der er stehe, und er wisse auch um die ihm bevorstehende »Kärrnerarbeit«. Aber er habe sich ja in der Außenpolitik auch um Wirtschaftspolitik gekümmert. »Genau«, unterbricht ihn Seehofer wieder. Auch das wird man später zwischen den beiden nicht mehr erleben. Im Übrigen, sagt Guttenberg noch, müsse man eben schwimmen können, wenn man ins kalte Wasser geworfen werde. »Der Rest ergibt sich.«

Am nächsten Tag um 14 Uhr findet die förmliche Amtsübergabe im Schloss Bellevue statt. Bundespräsident Horst Köhler dankt Glos im Namen der Bundesrepublik für dessen Dienste. Um Viertel nach zwei übergibt er Guttenberg die Ernennungsurkunde und wünscht ihm eine »glückliche Hand«. Guttenberg wird nun mit seinen 37 Jahren der jüngste Bundesminister für Wirtschaft und Technologie in der Geschichte der Bundesrepublik. Er schüttelt die Hand Köhlers, dann die der Bundeskanzlerin, schließlich die von Michael Glos.

In dem Bild, das sich einprägen wird, klopft Guttenberg seinem Vorgänger freundschaftlich auf die Schulter. Eine gute Viertelstunde verbringen die Gäste noch im Schloss, dann verabschiedet sich Merkel als Erste. Glos und Guttenberg steigen gemeinsam in einen Wagen, um zur Fraktionssitzung der CDU/CSU zu fahren. Er habe Glos »viel zu verdanken«, sagt Guttenberg noch. Glos ist sichtlich heiter, so guter Dinge hat man ihn lange nicht mehr gesehen. Man könnte fast meinen, sein Rücktritt, seine Nachfolge, dies alles sei für ihn genau nach Plan abgelaufen. Und das ist nicht einmal übertrieben, denn dem Rücktritt ist drei Wochen zuvor ein geheimes Treffen zwischen Glos und Guttenberg vorausgegangen.

Glos kennt Guttenberg von seinen Anfängen an. Er hat ihn in Franken politisch unterstützt, auch Journalisten früh auf das seiner Überzeugung nach große Talent hingewiesen. Bei seinem wochenlangen Sinnieren über seinen Rücktritt kreisen seine Gedanken um die Frage, wer ihm denn folgen könnte. Dabei kommt er auf Guttenberg. Natürlich weiß ein Polit-Veteran wie Glos genau, dass sich ein Prozess wie der Rücktritt und die Suche nach dem Nachfolger nicht steuern lässt, dass vieles glücklicher Fügung und Zufällen überlassen bleibt. Aber man kann es ja versuchen. Immerhin ist das Wirtschaftsministerium seitens der CSU fränkisch gebucht. Und Guttenberg ist Franke.

Einer der Journalisten, denen Glos Guttenberg als Mann der Zukunft präsentiert, ist der bereits erwähnte *Bild am Sonntag*-Kolumnist Martin S. Lambeck. Der lädt die beiden zu einem gemeinsamen Abendessen zu sich nach Hause ein, man will ja nicht unbedingt in einem der einschlägigen Berliner Restaurants gesehen werden. Glos gibt das Datum, Montag, den 19. Januar, vor, und das Ehepaar zu Guttenberg sagt zu. An diesem Abend bespricht sich die CSU-Landesgruppe für das Treffen der Unionsfraktion am darauffolgenden Dienstag, in dem es um das Konjunkturpaket gehen soll. Daher sind Stephanie zu Guttenberg, eine Journalistin und das Ehepaar Lambeck bei der Vorspeise – Lachs mit Crème fraîche auf Kartoffelrösti, dazu Burgunder – noch zu viert. Der Generalsekretär stößt um halb neun dazu, der Wirtschaftsminister noch eine Dreiviertelstunde später, pünktlich zum Kalbsfilet mit knackigen Zuckerschoten. Ein Burgunder wird gegen einen anderen probiert, die Stimmung ist ausgelassen.

Glos und Guttenberg sitzen nebeneinander und besprechen das Landesgruppentreffen, Parteifragen. Sie reden angeregt, man versteht sich. Gegen 23 Uhr klingelt das Handy des Wirtschaftsministers. Es ist die Kanzlerin. Kein Zufall, dass sie nach dem CSU-Treffen anruft. Es muss sie interessieren, was in der Fraktionssitzung am nächsten Tag von den Bayern zu erwarten ist. Seehofer habe sie nicht erreicht. Nein, wo Seehofer um diese Uhrzeit sei und warum er nicht an sein Telefon gehe, das wisse er auch nicht, sagt Glos. Die Unterhaltung am Tisch geht weiter, Frau zu Guttenberg lacht hell auf. »Nicht dass du jetzt was Falsches denkst, Angela«, sagt Glos mit seiner tiefen, behäbigen Stimme und einem Augenzwinkern. »Ich sitz hier bloß noch mit dem Lambeck und dem Guttenberg und ihren Frauen.« Jene, die behaupten, die Bundeskanzlerin habe einen siebten Sinn dafür, wenn sich irgendwo etwas zusammenbraut, sähen sich durch ihren Anruf an diesem Abend bestätigt.

»Der ist lebensstark«, sagt Glos über Guttenberg nach dem Essen. »Der ist ein Alpha-Tier.« Sicher weiß Glos, dass sein Rücktritt so kurz vor der Wahl und mitten in der Krise als skandalös, ja sogar als unpatriotisch bezeichnet werden könnte. Warum sollte ihm also nicht daran gelegen sein, einen Nachfolger zu finden, der das möglichst schnell vergessen macht? Er kann in diesem Moment auch schon absehen, dass Guttenberg für Seehofer zu einer Gefahr werden könnte. Mit Seehofer, den er gern »Seehase« nennt, hat ihn nie eine große Freundschaft verbunden. Vielleicht denkt er sich: An diesem eigenwilligen jungen

Kopf soll sich der Seehase ruhig mal die Zähne ausbeißen. Die Rechnung wird aufgehen.

Guttenberg wird am 12. Februar im Bundestag zum ersten Mal als Minister vereidigt. Der Akt ist der dritte Punkt der Tagesordnung, er dauert drei Minuten. Das einzig Glanzvolle daran ist Guttenberg selbst, im schwarzen Anzug, weißes Hemd, silberblaue Krawatte. Er würdigt den Moment, er feiert ihn sichtlich ein bisschen und mit ihm seine Familie auf der Zuschauertribüne des Plenarsaals.

Dort sitzen in der ersten Reihe sein Vater und seine Mutter, sein Bruder Philipp und seine Frau. Alle wirken gelassen, nur die Mutter reibt sich nervös die Hände. Ihr Sohn Philipp drückt ihr beruhigend den Arm. Vater Enoch ist munter. Ja, dass sein Sohn eines Tages Minister werden könnte, das habe er schon für möglich gehalten, sagt er, als sei so ein Ministeramt das Selbstverständlichste der Welt. Nur dass es jetzt so schnell gehen würde und ausgerechnet dieses Amt, das habe er so nicht kommen sehen. Er hätte immer eher auf Verteidigung getippt. Dass es dazu kommen wird, steht zu diesem Zeitpunkt noch in den Sternen. An der Eignung seines Sohnes hat Enoch zu Guttenberg nicht die geringsten Zweifel. Natürlich sei es jetzt erst einmal ziemlich viel auf einmal, so ein Ministeramt. »Aber der KT war schon als Kind immer unterfordert.« Er brauche die Herausforderung. Ob er stolz auf ihn sei? Stolz auf die Leistung anderer stehe einem eigentlich nicht zu, findet er und hält kurz inne. Und doch könne er nicht umhin, ein wenig stolz zu sein.

Und seine Frau? Der Tag der Vereidigung ist ihr neunter Hochzeitstag. Doch heute geht, wie so oft, der Beruf vor. Sie sieht das gelassen: Irgendwie ist ja auch die Vereidigung eine gebührende Art und Weise, ihre Ehe zu feiern. Als sie ihren Mann vor nun 14 Jahren kennenlernte, wusste sie bald, dass er in die Politik gehen würde: »Doch dass er eines Tages Minister werden sollte, das wäre mir nicht im Traum eingefallen.«[70] Egal, wie verfrüht und unter welchen Umständen: Sie spürt bei aller Zurückhaltung und aller Ungewissheit dessen, was auf sie zukommt, dass an diesem Tag nicht nur seine Arbeit belohnt wird, sondern auch ihr Einsatz und die viel entbehrte Zeit.

Guttenberg beendet seinen Amtseid mit dem Nachsatz: »So wahr mir Gott helfe.« Während die Bundeskanzlerin ihm strahlend gratuliert, danach die neuen Ministerkollegen, findet Bundestagspräsident Norbert Lammert noch Worte der Anerkennung und des Dankes für Michael Glos. Doch der schlendert bereits nonchalant aus dem Plenarsaal in Richtung Treppe. Vor Beginn der Tagesordnung sah man ihn noch mit der Kanzlerin die Köpfe zusammenstecken. Sie blickte mürrisch, hatte die Schultern hochgezogen. Glos hielt die Arme verschränkt und redete auf sie ein. Vielleicht ärgerten die Kanzlerin Berichte, nach denen Glos am Montag im Bierkeller der bayerischen Landesvertretung über sie geklagt haben soll: »Sie hat immer geglaubt, ich hätte von vielen Dingen keine Ahnung. Stattdessen hängt sie an den Lippen von Steinbrück, der sich jeden Satz aufschreiben lassen muss.« Doch Glos sieht nicht aus, als ob er sich rechtfertigt, er wirkt seelenruhig und zufrieden. Jetzt wird er erst einmal mit seiner Frau Ilse in seinem neuen 3er-BMW einige Wochen zur Kur fahren und ein paar Kilo abnehmen.[71]

Über Guttenberg hingegen brechen nicht nur mit Gewalt die dringendsten Fragen der Wirtschaftskrise herein, sondern auch das geballte Medieninteresse der ganzen Nation. Wenn Minister am Anfang der Legislaturperiode ihr Amt aufnehmen, teilen sie sich die Aufmerksamkeit mit anderen mehr oder weniger neuen Gesichtern. Dadurch ergibt sich eine Schonfrist. Für Guttenberg gibt es die nicht. Seine Ankunft auf der großen Bühne wirkt wie ein Paukenschlag in der von sich selbst gelangweilten Krisenberichterstattung. Alle wollen wissen: Wer ist dieser Adelige mit dem Schloss und den gegelten Haaren und der schönen Frau? Steffen Moritz, der nun als Sprecher des Wirtschaftsministeriums für Guttenberg zuständig ist, hat eine solche fast hysterische Flut von Anfragen in seinen zehn Jahren dort noch nicht erlebt.

KAPITEL 6

ALLE AUF WILHELM

Nicht nur das Ausmaß des Interesses ist überwältigend, sondern auch die positive Resonanz: Die Medien sind durchweg angetan vom neuen Minister. Die *Süddeutsche Zeitung* beschreibt Guttenberg auf ihrer Seite drei mit kaum verhohlener Bewunderung als einen Mann, der »die Kunst des geschliffenen, fast schmerzend klaren Wortes« beherrsche und der »ein manchmal unbekümmertes, aber immer extrem ausgeprägtes Selbstbewusstsein« versprühe.

Nicht einmal die linke Berliner *Tageszeitung* lässt sich zu einem Verriss verleiten, sondern lobt, so viel Bodenhaftung wie bei Guttenberg habe es in der CSU lange nicht gegeben. Andere CSU-Politiker »geben sich zwar öffentlich gerne erdverbunden, tragen rustikale Trachtenjoppen mit Hirschhornknöpfen und brüsten sich mit ihrer Mitgliedschaft im Schützenverein. Doch den Kontakt zur Basis und ihren Wählern haben viele von ihnen verloren. ... Guttenberg ist das Gegenteil.«

Dabei böte Guttenberg doch reichlich Stoff für Verrisse. Man könnte sich über seine mangelnde wirtschaftspolitische Erfahrung auslassen. Doch selbst die wird eher positiv bewertet. »Kein

Experte? Macht nichts!«, schreibt der *Tagesspiegel* und bescheinigt Guttenberg gute Chancen, ein guter Wirtschaftsminister zu werden, »obwohl oder vielleicht sogar weil er nicht Volkswirtschaft studiert hat«. Auch das Vermögen der Familie Guttenberg wäre ein möglicher Angriffspunkt. Ob das wohl ein Aufstieg durch Leistung sei, ließe sich süffisant thematisieren. Fotos vom familieneigenen Schloss taugten dazu, den Sozialneid anzustacheln. Ein adeliger Name galt für eine politische Karriere viele Jahre nicht gerade als förderlich, er wurde als das Gegenteil von volksnah empfunden.

Wie verbreitet dies als die Wahrheit des politischen Geschäfts galt, zeigt eine Aussage des ehemaligen CDU-Wirtschaftsexperten und einstigen Merkel-Konkurrenten Friedrich Merz. In seiner Zeit als stellvertretender Vorsitzender der Unionsfraktion wurde er auf den damals relativ frisch in den Bundestag eingezogenen Karl-Theodor zu Guttenberg angesprochen. Merz hielt bereits viel von ihm. Er sei sicherlich eines der begabtesten jungen Talente der Union, sagte er. Doch adelige Namen seien in der deutschen Politik nicht gerade von Vorteil. Der einzige Spitzenpolitiker aus dem Hochadel, der geborene Prinz Hermann Otto zu Solms-Hohensolms-Lich, ließ seinen Namen auf Solms ändern. Guttenberg hingegen lässt seinen Namen ausschreiben. Und so jemand in Zeiten der Krise, könnte man fragen, was weiß denn der von den Sorgen der kleinen Leute, vom Schicksal der Arbeitslosen, deren Zahl in diesen Zeiten anzusteigen droht?

Doch solche Gedanken werden bei Guttenberg höchstens ein Mal angeschrieben. Wenn sein Adelsstand thematisiert wird, wird er eher positiv bewertet. Seine Karriere sei der Beweis dafür, dass »der Adel noch immer einen besonderen Menschenschlag hervorbringt«.[72] Ein anderes Mal heißt es mit Blick auf Guttenberg, einen Aristokraten werde immer eine »gewisse Verachtung für die eigenen Unpässlichkeiten und Gemütsbewegungen« auszeichnen, die ihn »katastrophensicher und unter Umständen sehr tapfer« mache.[73] Dass Guttenberg »auch noch adelig ist, erhöht einfach seinen Sex-Appeal«, heißt es an anderer Stelle.[74] Die aristokratische Herkunft scheint die Fantasie der Menschen zu beflügeln. Vielleicht ist es die Sehnsucht nach einem Ritter, der die Tugend in der Politik wieder einführt. »Mit den Niederungen der Politik hat das wenig zu tun, mit der Sehnsucht vieler Wähler nach dem Aufstieg aus solchen Niederungen hingegen viel«, heißt es in einem Kommentar.[75] Der Begriff »adelig« sei zwar juristisch, wirtschaftlich und sozial entleert, sagte der Unternehmer Hasso von Blücher einmal, als er Guttenberg in einer Ansprache begrüßte. Aber die Sehnsucht danach, die Guttenberg mit Schloss und Forst, einer schönen Frau und einem Doktortitel bediene, sei geblieben. »Eine eigenartige, unverwechselbare Mischung, die kein Medienberater synthetisch hätte herstellen können.«[76] Vielleicht vermittelt auch gerade in Krisenzeiten die 800-jährige Geschichte seiner Familie ein beruhigendes Gefühl von Kontinuität und Stabilität.

Dass sein Stand sich in der Berichterstattung nicht negativ für Guttenberg auswirkt, ist ein Zeichen dafür, dass das alte Klassendenken in Deutschland sich gewandelt hat. Die klassischen sozialpolitischen Milieus gibt es kaum mehr, was ja auch zum oft beschworenen Niedergang der Volksparteien beigetragen hat. Die Menschen fühlen sich nicht mehr automatisch wegen ihres Einkommens oder ihres Bildungsstandes einer Partei zugehörig. Sie orientieren sich in ihrem Wahlverhalten nicht mehr strikt nach Parteistrukturen, sondern an dem zur Verfügung stehenden Personal.

Das wird gerade beim Zuspruch deutlich, den Guttenberg erfährt. Die Abkehr vom Klassendenken bedeutet auch, dass man sich nicht von einem reichen Adeligen abgrenzen muss oder abgegrenzt fühlt. Die späteren Bemühungen des Altkanzlers Schröder, Guttenberg als »Baron aus Bayern« gewissermaßen zu stigmatisieren, verfangen deshalb nicht. Der Soziologe Armin Nassehi hat beobachtet, dass die Menschen sich statt über die Zugehörigkeit zu einer sozialen Schicht vermehrt über die Zugehörigkeit zu einer Konsumgruppe definieren. Stil und Ästhetik spielen da eine große Rolle – der Konsument entscheidet schlicht danach, was ihm gefällt. Guttenberg bringe, so Nassehi, eine neue Ästhetik in das politische Geschäft, weil er eben anders sei als die Spitzenpolitiker, die man kennt.

Guttenbergs Jugendlichkeit, sein Hintergrund und sein Aussehen liefern dem Betrachter eine reizvolle Mischung aus Glamour und Normalität. Er vermittelt gleichzeitig Bodenständigkeit und eine unerreichbare heile Welt.

Dass Guttenberg in der Berichterstattung einen Vertrauensvorschuss genießt und als Hoffnungsträger eingeführt wird, hat natürlich auch damit zu tun, dass er nicht Glos ist. »Ein neuer Minister ist wie ein neues Leben«, schreibt die Bild. Er gibt dem aktuell so wichtigen Ressort, das im letzten halben Jahr ein kaum wahrnehmbares Profil hatte, neuen Glanz. »Die Leute wussten ja bis zu Guttenbergs Antritt kaum, dass es überhaupt ein Wirtschaftsministerium gibt«, erklärt ein Journalist die öffentliche Empfindung etwas überzogen. Dass er sich der Herkulesaufgabe dieses Ressorts in schwierigen Zeiten stellt, nötigt selbst den größten Zynikern Respekt ab. Die Erwartungen an ihn halten sich demnach in Grenzen.

Noch etwas zahlt sich jetzt für Guttenberg aus: sein guter persönlicher Draht zu Journalisten und sein Verständnis für ihr Handwerk. Während er an seiner Promotion schrieb, war er ein gutes Jahr zunächst Praktikant und dann freier Mitarbeiter der

Welt in Berlin. In dieser Zeit wurde er nicht nur mit dem Redaktionsalltag und Produktionsablauf einer Tageszeitung vertraut, sondern er lernte auch, wie die Medienmacher ticken. Auch wenn der damalige Chefredakteur Wolfram Weimer heute frotzelt, Guttenberg habe immer freitags früher gehen wollen, so war er in der Redaktion gern gesehen. Er sei dadurch aufgefallen, dass er nicht auffiel, schreibt ein Kollege später. »Er verhielt sich zurückhaltend, ohne scheu zu sein. Er begegnete denen mit Respekt, die seine Vorgesetzten waren, ohne devot zu sein. Er tat das, obwohl von den Vorgesetzten gewiss niemand einen so klingenden Namen oder ein solches Familienvermögen hatte wie er. Es wäre ihm auch nicht in den Sinn gekommen, sich anders zu verhalten.«[77]

Diese ersten freundschaftlichen Kontakte zu Journalisten baut Guttenberg mit Beginn seiner politischen Laufbahn zu einem weiten Netz aus. Viele haben seine Handynummer. Auch in den turbulenten ersten Tagen nach seinem Amtsantritt spricht er mit vielen von ihnen direkt. Ein so nahbarer, ansprechbarer Minister ist im politischen Betrieb geradezu eine Revolution. Die meisten Spitzenpolitiker sprechen kein Wort und autorisieren keine Zeile ohne ihre Pressesprecher. Manche erkennen die Notwendigkeit des Austausches mit Journalisten nicht an und empfinden diese eher als zeitraubendes Übel, andere betrachten die Medienkommunikation schlicht als Job der Presseabteilung, die die Anfragen weiterleitet. Der Prozess der Weiterleitung ist mal mehr, mal weniger erfolgreich, in jedem Fall aber kostet er viel Zeit.

Guttenberg hingegen schätzt den direkten Draht, auch um selbst am Puls zu bleiben und ein Bild von der Stimmung unter den Medienvertretern zu bekommen. Er begegnet ihnen zu Beginn seiner Ministerkarriere noch völlig unerschrocken, fast vertrauensvoll. Das wird sich schon im Laufe des ersten Jahres ändern. Nicht nur der mediale Liebesentzug während der Kundus-Affäre wird seine Beziehung zu den Medien beeinflussen. Es scheint eher, dass mit dem engen Kontakt zu Journalisten und der intimen Einsicht in ihre Arbeitsweisen auch eine gewisse Entzauberung mit ihrer Zunft einhergeht. Doch zu Beginn nimmt sich Guttenberg noch viel Zeit, um Redaktionskonferenzen zu besuchen, vernachlässigt dabei auch die Regionalblätter und -sender nicht. Wenn er Blattkritiken macht, bereitet er sich minutiös vor. Die neue Transparenz und der direkte Austausch werden von den Journalisten honoriert.

So, wie negative Berichterstattung schnell zum Verriss wird, so übersteigert sich auch das Lob für den neuen Minister schnell, um nach der Opel-Nacht zum regelrechten Hype zu werden. Natürlich wird zunächst das Chaos in der CSU kritisiert (»Ene, mene, muh – Minister, das wirst du« ist der Titel eines Bild-Kommentars), aber selbst die Tageszeitung macht Guttenberg dann doch gleich zum Mann der Woche. Weil er von Dingen spreche, die die Kanzlerin gerade gar nicht hören wolle: »ordnungspolitische Leitplanken« etwa oder gar »freie Marktwirtschaft«. Bald scheint es, als seien die Journalisten auf der Suche nach einer Erklärung für ihr eigenes Schwärmen und für ihre totale Konzentration auf den Newcomer, die bisweilen eigentümliche Blüten treibt. So zum Beispiel die vorübergehend elf Vornamen, die aus dem Internetlexikon Wikipedia abgeschrieben in allen großen Zeitungen landen: Karl-Theodor Maria Nikolaus Johann Jacob Philipp Wilhelm Franz Joseph Sylvester.

»Müssen wir uns diesen Namen merken?«, fragt die Bild. Nein, denn Wilhelm heißt der neue Minister gar nicht. Ein Medienjournalist hatte den Namen beim Online-Lexikon Wikipedia eingetragen, vermutlich um den Kollegen später die Unfähigkeit zur Recherche vorzuhalten. Der Name wird zum Thema. Guttenberg erklärt ihn dann auch ausführlich: Karl-Theodor heißt er nach seinem Großvater väterlicherseits, dem ehemaligen Staatssekretär. Maria ist ein katholischer Namenszusatz, schon lange eine Familientradition. Den Namen Nikolaus bekam er, weil er eigentlich am Nikolaustag hätte geboren werden sollen. Tatsächlich kam er bereits am 5. Dezember, der Name blieb. Johann Jacob ist der Name des Großvaters mütterlicherseits, Philipp Franz ein Großonkel, der im Zweiten Weltkrieg an der Ostfront in Russland fiel. Sylvester und Joseph sind die Patenonkel des jungen Ministers. So weit, so gar nicht mal ungewöhnlich, denn in Adelskreisen sind fünf bis zehn Vornamen häufig, sein Vater hat sogar vierzehn.

Als Nächstes wird der Minister von der Presse zum geschäftsführenden Gesellschafter eines Fachgroßhandels für Trockenbau und Isoliertechnik namens Von Guttenberg GmbH gemacht, mit der er gar nichts zu tun hat. Das Unternehmen sieht sich wegen des Presseandrangs genötigt, eine klärende Mitteilung herauszugeben.

Diese Falschmeldung wird schnell richtiggestellt, doch weniger offensichtlich falsche oder zumindest nur begrenzt richtige Charakterisierungen Guttenbergs halten sich hartnäckiger im öffentlichen Bewusstsein. Bis heute kommt kaum ein Porträt von Guttenberg ohne das Adjektiv »vielsprachig« aus. Tatsächlich aber spricht Guttenberg nur eine »lebende« Fremdsprache, nämlich Englisch. Dank häufiger Aufenthalte im angelsächsischen Raum, vor allem eines Austauschjahres in der elften Klasse an einer amerikanischen Highschool und eines Forschungsaufenthalts an der University of Edinburgh, spricht er es mit großer Leichtigkeit – übrigens ohne den geringsten amerikanischen Akzent; er hält sich an die britische Aussprache. Wirklich vielsprachig ist hingegen seine Frau. Sie spricht neben ihren Muttersprachen Deutsch und Schwedisch und tadellosem Englisch auch gut Italienisch und Französisch. Auch auf Spanisch könnte sie sich noch durchschlagen.

Wer beim vorgeblich Englisch sprechenden Ministerpräsidenten und späteren EU-Kommissar Günther Oettinger unwillkürlich an Louis de Funès denken muss, der kann die Freude über Guttenbergs tadellose Englischkenntnisse nachvollziehen. Doch dass sie derart gelobt und thematisiert werden, sagt wie oft im Falle Guttenbergs mehr über die Betrachter aus als über ihn selbst. Das ist genauso eigentümlich wie die übermäßige Kritik, die Außenminister Guido Westerwelle für seine Englischkenntnisse einstecken muss.

In der Berichterstattung ist auch immer wieder von der internationalen Laufbahn des neuen Ministers vor der Politik die Rede. Es heißt, er habe in New York und Frankfurt als Investmentbanker gearbeitet. Es handelt sich dabei um mehrmonatige Praktika in Kanzleien. Die Internationalität vor der Politik bezieht er durch häufige Auslandsaufenthalte für das Familienunternehmen sowie durch das Austauschjahr an der Highschool. Heute sagt Guttenberg, er könne den pädagogischen Wert dieses Jahres kaum übertreiben. Dadurch habe sich für ihn nicht nur *ein* neuer Horizont aufgetan, sondern gleich schier endlos viele. Auslandserfahrung bezieht Guttenberg schon als Jugendlicher durch die vielen Reisen mit seinem Vater. Doch insgesamt ist das Heranwachsen Guttenbergs, wie bereits geschildert, stark von der Verankerung in der Heimat geprägt: der Kindheit in Oberfranken, der Schulzeit in Rosenheim, des Wehrdienstes in Mittenwald, des Studiums in München und Bayreuth.

Zu der Sprachmächtigkeit Guttenbergs sei ergänzt, dass er in seinem humanistischen Gymnasium Griechisch und Latein bis zum Abitur als Leistungskurse belegte und die Klassiker der Antike im Original zu lesen vermag. Sein Lateinlehrer am Rosenheimer Ignaz-Günther-Gymnasium, Dieter Friedel, erinnert sich, wie er mit Guttenberg und anderen Schülern aus der zehnten Klasse ganze Nachmittage lang gregorianische Choräle auf Lateinisch sang. Eine ganze Messe haben sie zusammen auf Latein gefeiert. Friedel war damals Referendar, ist heute Rektor der Schule. Im Leistungskurs saßen sie einmal die Woche bei ihm zu Hause, um gemeinsam Griechischtexte zu übersetzen und zu diskutieren, so Friedel.

Einem Journalisten antwortete Guttenberg während des Wahlkampfes auf die Frage, welche Bücher gerade auf seinem Nachttisch lägen, er habe sich vorgenommen, mal wieder Platons *Der Staat* im Original zu lesen. Das klang kokett und sorgte für amüsierte Kommentare. Friedel kann das nicht nachvollziehen, schließlich sei das Original schöner und einfacher zu lesen als die eher klobigen und pedantischen Übersetzungen ins Deutsche. Auch bei den Menschen schadet Guttenberg diese Äußerung nicht. Hätte FDP-Chef Guido Westerwelle etwas Vergleichbares gesagt, man hätte ihn einen langweiligen Streber geschimpft. Guttenberg hingegen kann selbst der Platon nicht schaden.

Es ist dieser Teflon-Effekt Guttenbergs, der seine Gegner zur Verzweiflung treibt. Was anderen Politikern schaden würde, perlt an ihm ab. Die Regeln der politischen Etikette scheinen bei ihm außer Kraft. Kritik an Guttenberg empfinden die Menschen eher als Versuch, dem Minister etwas anzuhängen, und nehmen sie nicht an. Es ist, als seien sie von der Person Guttenbergs so eingenommen, als hätten sie ein solches Vertrauen in ihn, dass sie in konkreten Fragen zu seinem Handeln nicht mehr streng sein wollen. Die große Preisfrage ist, wie lange sich dieser Teflon-Effekt halten wird.

Unsere Politiker geben sich so, wie wir sind, versucht Josef Joffe in der *Zeit* die »Verzückung« zu erklären: »KTG hingegen nimmt Platon mit in die Ferien. Er ist eben nicht, wie wir es sind.« Wohl auch deshalb haftet ihm der Ruf an, ein akademischer Überflieger zu sein. Friedel bestätigt, dass »KT« im Gymnasium immer ein guter Schüler gewesen sei, obwohl er als Kind lieber draußen unterwegs oder beim Sport war, als für die Schule zu lernen. Da er so viel Zeit im Stall verbringt, erinnert die Mutter ihren Sohn immer wieder daran, auch die Schularbeiten ernst zu nehmen. Der Vater jedoch hat selbst eine bewegte Schullaufbahn mit häufigen Schulwechseln hinter sich. Er macht seinen Söhnen gegenüber kein Geheimnis daraus, dass er die Schule nicht wahnsinnig wichtig findet und manche Lehrer nicht sonderlich schätzt.

Enoch zu Guttenbergs Gelassenheit erklärt sich vielleicht auch aus seinem unerschütterlichen Glauben an die Fähigkeiten seiner Söhne. Er zweifelt nie an ihrem Können. Er weiß auch: Wenn es drauf ankommt, dann packt sie der Ehrgeiz. So geschieht es bei seinem älteren Sohn, als es aufs Abitur zugeht. Er will unter den Besten sein. Sein damaliger Sozialkundelehrer Rainer Janka sagt über den Griechisch-Leistungskurs, dem Guttenberg angehörte: »Diese Schüler fühlten sich immer ein bisschen als intellektuelle Speerspitze.«

Der Ehrgeiz packt Guttenberg auch, als es um seine Jura-Promotion geht. Seine Dissertation zum Thema »Verfassung und Verfassungsvertrag: Konstitutionelle Entwicklungsstufen in den USA und der EU« besteht er 2007 mit Bestnote summa cum laude. Er beginnt die Arbeit schon vor seinem ersten Wahlkampf, sie bleibt jedoch neben der Tätigkeit als Geschäftsführer und Abgeordneter liegen. Erst nach der Wiederwahl 2005 geht er sie erneut an, um sie 2007 fertigzustellen. In der Einführung der

Dissertation schreibt er zum Entstehungsprozess (schlichte Worte sind auch hier seine Sache nicht):»Wie oft wurde der Kairos (ein günstiger Zeitpunkt; Anm. d. Verf.) der Fertigstellung durch freiberufliche wie später parlamentarische ›Ablenkung‹ versäumt, bevor die Erkenntnis dieses traurigen Faktums einer bemerkenswerten Mischung aus eherner professoraler Geduld (wie Liebenswürdigkeit), sanftem, aber unerbittlichem familiärem Druck und wohl auch ein wenig der beklagenswerten Eitelkeit weichen durfte.«[78] Die »professorale Geduld« bezieht sich auf Guttenbergs »Doktorvater« Professor Peter Häberle, einen der großen deutschen, international anerkannten Verfassungsrechtler. Zu ihm baut Guttenberg eine besonders enge Beziehung auf, ihm sei er für unzählige Impulse überaus dankbar, sagt er später. Viele Nächte fallen der Dissertation zum Opfer, in denen Vater Enoch noch morgens um drei Uhr die Lichter im Büro seines Sohnes über den Hof leuchten sieht. Dann ist es vollbracht.

Das Studium fiel Guttenberg jedoch nicht nur leicht. Ein Freund der Familie sagt heute, es sei damals für ihn nicht absehbar gewesen, dass Guttenberg es einmal so weit bringen würde. »Er konnte zwar immer brillant reden und schreiben, aber mit dem Studium hat er zunächst gekämpft.« Für die Topnoten muss er richtig ackern. Das Beispiel des Studiums zeigt, dass auch für Guttenberg die harte Arbeit das Geheimnis des Erfolgs ist. Sein Sachwissen ist das Resultat nächtelangen Aktenstudiums und des regen Austauschs mit Mitarbeitern. Die gründliche Vorbereitung hilft ihm, auch rhetorisch zu glänzen, dementsprechend selbstbewusst tritt er vor die Kameras. Doch wenn es an der Vorbereitung mangelt, kann er auch einen schlechten Tag haben.

So geschehen zum Beispiel auf einer Konferenz des Deutschen Beamtenbundes im Mai 2009 zum Thema »Markt und Moral«.

Guttenberg beginnt mit einem Zitat von George Bernard Shaw: »Freiheit heißt Verantwortlichkeit, und deshalb wird sie von den meisten Menschen gefürchtet.« Danach verstrickt er sich in eine 20-minütige Interpretation des Zitats, während der er Freiheit und Verantwortlichkeit als zwei Seiten einer Medaille bezeichnet: »Wiewohl die Versuchung gerade in diesem Jahr relativ hoch ist, die Medaille zu werfen und sie möglichst auf eine Seite fallen zu lassen und sich dem etwas schwierigen Unterfangen zu unterziehen, eine solche Münze auch mal so rollen zu lassen, dass beide Seiten der Medaille erkennbar sind. Immer mit der Gefahr des Umfallens.« Der *Spiegel*-Redakteur Alexander Osang vergleicht Guttenbergs Sprachgewandtheit in seiner pointierten und unterhaltsamen Schilderung des Termins mit der des ehemaligen Fußballers Lothar Matthäus. Guttenberg, der in dieser Zeit von fast ausschließlich positiver Berichterstattung verwöhnt ist, liest den Artikel mit Interesse. Als er aufsieht, muss er lachen. Er sei tatsächlich ins Trudeln geraten bei seiner Ansprache, sagt er. »Zwischendurch habe ich mich selbst gefragt, was ich da eigentlich gerade erzähle.«

Vermutlich fällt ein solcher Durchhänger bei ihm stärker ins Gewicht, weil er für seine Eloquenz bekannt und so vorbereitet ist, dass er so gut wie alle Themen bedienen kann. Das hat ihm den Ruf eingebracht, ein Intellektueller zu sein. Seine Allgemeinbildung ist beachtlich und weitreichend. Er habe immer ein extrem vielfältiges Interesse gehabt, bescheinigt ihm auch Rektor Friedel: »Das hat er sich ja bis heute bewahrt.« In die klassische Musik führt ihn sein Vater seit frühester Kindheit ein und fördert damit seine musikalische Begabung. Durch die Mutter, die mit seinem Stiefvater Adolf von Ribbentrop eine Galerie für moderne Kunst betreibt, bekommt er auch dazu einen Bezug. Das Studium der Familiengeschichte in langen Gesprächen mit den

Eltern ist sowohl Fundament als auch Inspiration für sein großes geschichtliches Interesse.

Die Liebe zur Prosa hingegen entdeckt er früh. Zunächst war
da Hemingway. Ganz viel Hemingway. Ein modernes Porträt
des Autors von einem russischen Maler hängt in Guttenbergs
privatem Büro. Es ist eines seiner Lieblingsbilder. Aber Guttenberg hält sich auch über die Werke junger Autoren auf dem Laufenden. Auf seinem Nachttisch liegt immer ein ganzer Stapel
Romane und Sachbücher. Während der ersten turbulenten Tage
und Nächte als Wirtschaftsminister liest er *Ruhm* von Daniel
Kehlmann, dessen *Vermessung der Welt* ihn beeindruckt hat. Auch
Kehlmanns »Salzburger Rede« gegen das Regietheater fand Guttenberg ausgezeichnet. Feridun Zaimoglu *Liebesbrand* hingegen
oder Pascal Merciers *Nachtzug nach Lissabon* haben ihn weniger
überzeugt. Als frischgebackener Wirtschaftsminister liest er zum
wiederholten Male *Die Brüder Karamasow* von Fjodor Dostojewski.
Auch die Lyrik interessiert Guttenberg. Er legt die tägliche *Frankfurter Allgemeine Zeitung* ungern zur Seite, ohne die »Frankfurter
Anthologie« oder ein anderes Gedicht im Feuilleton gelesen zu
haben. Satirische Kolumnen amüsieren ihn genauso wie das
»Gemischte Doppel« im *SZ-Magazin*.

Die Liebe zur Literatur teilt er übrigens mit Peer Steinbrück.
Als Kabinettskollegen tauschen die beiden Lesetipps. Man habe
da durchaus einen ähnlichen Geschmack, so Guttenberg, und
könne auch vorzüglich diskutieren. Er macht keinen Hehl daraus, dass er sich unter den SPD-Politikern gerade mit Steinbrück besonders gut versteht.

Es erstaunt Guttenberg, wenn man ihn fragt, wann er denn
noch Zeit zum Lesen habe, so als wundere er sich, wie er dafür
denn keine Zeit haben könnte. Er hat sich auch selbst in seiner
Jugend an Prosa und Lyrik versucht. Seinem Vater schenkte er

zum 50. Geburtstag eine Kurzgeschichte, einen fiktiven Dialog zwischen Bayern-König Ludwig XIV. und Johann Sebastian Bach. »Eine dermaßen freche, lustige und decouvrierende Rede«, sagt der Vater.[79] Spätestens seitdem ist er überzeugt, dass der Sohn auch Schriftsteller hätte werden können. Doch nun wurde er stattdessen vom Generalsekretär zum Bundeswirtschaftsminister.

Was bleibt unter dem Strich von der kurzen Amtszeit des Generalsekretärs Guttenberg? Die großen Bewährungsproben, ein gutes Abschneiden der CSU bei den Europa- und Bundestagswahlen etwa, stehen ja noch aus. Sicherlich leistete Guttenberg jedoch einen Beitrag dazu, der CSU nach der großen Niederlage wieder etwas Selbstbewusstsein zu geben. Er profilierte sie elegant und ohne großen Krawall gegen die CDU. »Er gab eben nicht das ›blonde Fallbeil‹ (Edmund Stoiber), er spielte nicht den ›Lautsprecher der Partei‹ (Markus Söder), sondern versuchte, mit nachdenklicheren Einwürfen Punkte zu sammeln«, schreibt das *Handelsblatt*. Vor allem aber habe er bewiesen, dass er sich schnell in eine neue Position einarbeiten kann. Diese Fähigkeit ist vielleicht mehr als jede andere für einen urplötzlichen Bundeswirtschaftsminister dringend vonnöten.

KAPITEL 7

POTZBLITZ

Rational betrachtet ist die Aufgabe, die Guttenberg mit dem Wirtschaftsministerium übernimmt, geradezu aberwitzig groß. In Deutschland herrscht im Februar 2009 tiefste Verunsicherung. Das Land erlebt die größte Wirtschaftskrise seit 60 Jahren. Die Grundfesten der Ökonomie sind ins Wanken geraten. Man ist sich weitgehend einig, dass die Aufgaben neu zwischen Wirtschaft und Politik verteilt werden müssen. Aber wie diese Neuverteilung aussehen soll, das weiß niemand. Guttenberg muss sich als Chef eines Apparats von 1700 Beamten durchsetzen und diesen zu einem zentralen Ressort der Krisenbewältigung machen. Und das alles in sieben Monaten, die bis zur Bundestagswahl bleiben.

Ob er nicht Bammel habe, wenigstens ein kleines bisschen nervös sei, wollen zwei Journalisten der *Bild am Sonntag* wissen, als sie ihn wenige Stunden nach seiner Vereidigung im Ministerium an der Scharnhorststraße besuchen. Im schwarzen Anzug, mit weißem Hemd und silberblauer Hermès-Krawatte steht er mitten in seinem neuen saalgroßen Büro, das ihm Glos »besenrein« übergeben hat. Der Schreibtisch ist leer bis auf einen Strauß frischer Blumen. Nein, sagt er entschieden, er verspüre lediglich Respekt und Demut vor dem Amt. Darauf hingewiesen, dass das schrecklich comme il faut klingt, fügt er mit für ihn typischem Understatement hinzu: »Aber ich unterschätze die Aufgabe auch nicht.«

Wie könnte er auch: Ein Ende der Krise ist nicht in Sicht. Experten fürchten, das Schlimmste stünde noch bevor. Nicht einmal die Politik möchte das ausschließen. Die Zahlen sind einfach zu beunruhigend. Die deutsche Industrieproduktion ist im Januar im Verhältnis zum Vormonat um 7,5 Prozent gesunken. Das ist der größte Rückgang seit 1990. Im Vergleich zum Januar 2008 beträgt das Minus sogar fast ein Fünftel. Die Regierung rechnet offiziell noch mit einem Wirtschaftsrückgang von 2,25 Prozent. Später wird Guttenberg die Zahl auf sechs Prozent korrigieren, de facto werden es fünf Prozent. Das ist der größte Rückgang in der Geschichte der Bundesrepublik. Zum Vergleich: In der bisher größten Rezession nach der zweiten Ölkrise 1981/82 betrug der Wirtschaftsrückgang »nur« etwa ein Prozent.

Die Krise wirkt sich jetzt auch auf die Realwirtschaft aus. Im Dezember steigt die Zahl der Arbeitslosen um 114 000 auf 3,1 Millionen, obwohl noch viele Arbeiter durch Kurzarbeit geschützt sind. Das ist die stärkste Zunahme seit drei Jahren. Schon gibt es erste Stimmen, die die Arbeitslosenzahl auf fünf Millionen ansteigen sehen. Die Automobilindustrie, von der jeder siebte Arbeitsplatz in Deutschland abhängt, ist am Boden. Durch die Abwrackprämie soll ihr zumindest vorübergehend geholfen werden. Auch die Bankenkrise bleibt weiter höchst bedrohlich. Niemand weiß, wie hoch die Risiken der deutschen Banken durch faule Kredite und Wertpapiere wirklich sind. Sie sind eine tickende Zeitbombe. Die extremen Schieflagen der

Hypo Real Estate, BayernLB und HSH Nordbank sind nur die prominentesten Fälle. Hinzu kommen die zahlreichen Unternehmenspleiten. Täglich gibt es neue Hiobsbotschaften. DGB-Chef Michael Sommer wird sogar vor »sozialen Unruhen« warnen. Das ist zwar in erster Linie eine durchschaubare Drohung, um die Regierung zu höheren Ausgaben zu drängen, mit dem Ziel, die Beschäftigungslage zu stabilisieren und sich damit als Arbeiterführer zu profilieren. Doch auch regelrechte Aufstände, Großdemonstrationen Arbeitsloser vor dem Brandenburger Tor, gelten vielen Beobachtern gerade bei solcher Stimmungsmache als realistische Szenarien.

Sie haben das Beispiel Islands vor Augen. Der dortige Staatsbankrott macht auch im Bewusstsein der Deutschen Schluss mit der Legende, ein Staat könne nicht pleitegehen. Dabei galt Island bislang als eines der Länder mit weltweit höchster Lebensqualität, es herrschte Vollbeschäftigung. Doch auf die Bankenzusammenbrüche folgten Massenkonkurse. Die Börse verbuchte eine Komplettvernichtung von 97 Prozent, die Inflation stieg auf 18 Prozent, und die Landeswährung büßte die Hälfte ihres Wertes ein. Die Menschen gingen wütend auf die Straße, es kam zu gewaltsamen Ausschreitungen, bis die gesamte Regierung und die Bankenaufsicht im Januar zurücktreten mussten.

Auch Guttenberg gesteht ein, dass die Lage ernst ist. Doch er hält nichts von Panikmache: »Ich beteilige mich nicht an den täglichen Wettläufen um möglichst düstere Prognosen.« Seine Botschaft ist Zuversicht. Denn egal, was die Zahlen sagen, das Wichtigste für eine Wirtschaft bleibt das Vertrauen in sie. Er sehe auch in der Krise »ein ganzes Bündel Hoffnungszeichen«, ja ganze Wirtschaftszweige, in denen es gut läuft, sagt er. Außerdem könne es mit der Wirtschaft im Herbst sogar wieder aufwärtsgehen. Guttenberg lädt seine Gäste auf die schwarze Ledersitzgruppe ein, eine Vorzimmerdame bringt Tee und Kekse. Er bietet die Kekse an und nimmt sich selbst einen: »Es gab heute kein Mittagessen.«

In dem fast 90 Quadratmeter großen Raum wirkt er selbst noch ein wenig wie ein Gast. Fühlt man sich in so einem Büro nicht ziemlich klein? Guttenberg lacht. »Ich muss nur immer daran denken, dass meine Töchter hier toll spielen könnten. Sogar Fahrrad fahren könnten sie hier drinnen.« Er zeigt auf den angeschlossenen großen Balkon zum Innenhof mit der prunkvoll geschwungenen weißen Balustrade. »Und da draußen erst.« Eigentlich ein guter Platz für eine Party. »Das Soundsystem dazu gäbe es«, sagt Guttenberg. Amtsvorgänger Werner Müller hatte in seiner Amtszeit von 1998 bis 2002 eine gigantische Stereoanlage einbauen lassen, die Boxen sind in das Mobiliar integriert. Doch Guttenberg hat sie noch nicht ausprobiert. »Die Roten und ihr Hang zum Pomp«, scherzt er über Müller, der von Kanzler Schröder ins Kabinett geholt worden war. Sein Humor kann nicht darüber hinwegtäuschen, dass die Tragweite seiner neuen Aufgabe selbst ihn mit seinem sehr ausgeprägten Selbstbewusstsein zumindest nachdenklich macht. Er hat eine gesündere Gesichtsfarbe als gewöhnlich.

Eine gewisse Anspannung erklärt sich durch einen Blick ausschließlich auf die dringendsten Tagesordnungspunkte: Die Schaeffler-Gruppe will Milliardenunterstützung, um nicht an der Übernahme des Reifenkonzerns Continental zugrunde zu gehen. Der neue Minister ließ schon erkennen, dass er Tausende gefährdeter Jobs, auch in seiner Heimat Franken, gegen seine grundsätzliche Ablehnung von Unternehmenssubventionen abwägen will. Am sogenannten Deutschlandfonds, ein 100-Milliarden-Paket an Krediten und Bürgschaften als Rettungsschirm für deutsche Unternehmen, müssen noch wichtige Details erarbeitet werden – ganz zu schweigen von den darauf folgenden Entscheidungen, wem geholfen werden soll und wem nicht. Das Opel-Drama ist in vollem Gange. Das Unternehmen vermeldet für 2008 einen Absatzrückgang von zehn Prozent. Die Bundeskanzlerin hat bereits im November des Vorjahres staatliche Hilfen zugesagt, nur wie die aussehen sollen, ohne dass Geld an den Mutterkonzern General Motors fließt, ist noch völlig unklar. Und dann gibt es da auch noch die Hypo Real Estate, die zur Katastrophenbank geworden ist. Guttenberg muss mit entscheiden, ob sie vollends verstaatlicht wird. Es sind ganze Berge von Akten, die auf ihn warten, komplexe Sachverhalte, zu denen die Öffentlichkeit seine Meinung hören will, und das umgehend. Seine Kabinettskollegen konnten sich seit Monaten in die Themen einarbeiten, ihm bleiben kaum Stunden.

Sich vor den Kollegen durch Sachkundigkeit zu behaupten ist fundamental, um überhaupt wirken zu können. Er muss sich bei Merkel, bei der Wirtschaft, in der eigenen Fraktion und gegenüber Finanzminister Peer Steinbrück Respekt erkämpfen, und zwar schnell. Sonst läuft er Gefahr, wie Glos übergangen zu werden. Er soll möglichst auch den Unionsparteien neue Orientierung geben. Bislang war Norbert Röttgen, der parlamentarische Geschäftsführer der Unionsfraktion, dafür zuständig, das wirtschaftspolitische Profil der Union zu schärfen. Zu Eingriffen des Staates in den Markt komme es lediglich, um die soziale Markwirtschaft zu retten, erklärte er. Nun muss Guttenberg zeigen, dass diese Bekundungen für die Union nicht nur theoretisch gelten, sondern auch praktisch umgesetzt werden. Zudem muss er sich von Seehofers Kurs emanzipieren, um im Kabinett nicht als dessen Sprachrohr wahrgenommen zu werden.

In dieser von extremer Turbulenz geprägten Anfangsphase gelingt es Guttenberg gleich, die Rolle des Wirtschaftsministers auszufüllen. Dabei stützt er sich auf die Fachleute des Ministeriums. Auch mit dem Wirtschaftsberater der Kanzlerin, Jens Weidmann, soll er sich eng abgestimmt haben. Es wirkt, als könne er quasi aus dem Stand Wirtschaftsminister sein. Hinter dieser Fassade erarbeitet er sich das Amt mit einer Energie, die viele seiner Kollegen beeindruckt.

Abgesehen von den überwiegend positiven Reaktionen der Medien sind die Erwartungen an Guttenberg gespalten. Die Bundeskanzlerin sichert pflichtgemäß ihr Vertrauen zu. Mit gewohnter Sachlichkeit sagt sie, er habe zwar sicherlich »eine anspruchsvolle Aufgabe übernommen«, doch seine internationale Erfahrung werde ihm helfen, diese »exzellent« und natürlich »im Geiste der Großen Koalition«, will sagen in ihrem Sinne, zu meistern. Doch unabhängigere Stimmen der Wirtschaft und Industrie trauen Guttenberg allein der limitierten Zeit wegen wenig zu. Er werde in den paar Monaten sowieso keine großen, wichtigen Impulse mehr setzen können, heißt es. Außerdem werde er in die Mühlen des Wahlkampfes geraten, Wahlkampfminister statt Wirtschaftsminister sein. Der Wirtschaftsweise Bert Rürup spricht gar von einer für Guttenberg völlig aussichtslosen Situation: »Der neue Wirtschaftsminister übernimmt ein politisches Himmelfahrtskommando. Er wird einen schweren Start haben, denn er ist zunächst nur ein Übergangskandidat bis zur Bundestagswahl.«

Es kann Guttenberg recht sein, dass sich angesichts der gewaltigen Aufgaben die realistischen Erwartungen an ihn in Grenzen halten. Er selbst tut sein Möglichstes, um sie herunterzuschrauben, damit sind sie leichter zu übertreffen. Auf die Frage nach den Zielen seiner Amtszeit antwortet er einem Journalisten: »Gescheitert wäre ich, wenn die Menschen sagen würden: Der hat sich bloß auf seinem Ministersessel ausgeruht, der ist den Aufgaben nicht ansatzweise gerecht geworden. Zufrieden wäre ich, wenn erkannt würde, dass ich mich einer sehr schwierigen Situation offen gestellt habe.« Kein besonders ehrgeiziger Anspruch. Es soll also schon reichen, dass er sich bemüht hat? »Er war ernsthaft, ja. Wenn es dann noch Weichenstellungen gibt, die zu guten Ergebnissen führen, umso besser.«[80] Das klingt nicht so, als würde er nach den Sternen greifen. Alles deutet darauf hin, dass höchst unpopuläre Entscheidungen auf ihn zukommen, wenn er seinen ordnungspolitischen Prinzipien treu bleiben will. Der Fall Opel wird sein erster Test.

Das Unternehmen hatte den Staat um Hilfe in Form von Bürgschaften von Bund und Ländern gebeten. Im November 2008 geht es noch um »etwas mehr als eine Milliarde Euro«. Das deutsche Traditionsunternehmen hat in Deutschland 25 500 Mitarbeiter. Seine Insolvenz würde sich im Wahljahr nicht gut machen. Bundeskanzlerin Merkel und Finanzminister Steinbrück sichern Hilfe zu. Ende Januar verkündet der geschäftige Opel-Betriebsratschef Klaus Franz nach einem Besuch beim Mutterkonzern in Detroit, er sehe die Chance, Opel aus diesem herauszulösen. Das wird zwar letztendlich nicht gelingen, doch auf dieser vagen Prämisse basieren fortan die Aktivitäten der deutschen Politik. Mitte Februar werden Details über geplante lebensrettende Maßnahmen bei GM bekannt. Demnach will das Unternehmen weltweit 47 000 Stellen streichen, davon 27 000 außerhalb der USA, viele in Deutschland. Umgehend macht sich SPD-Kanzlerkandidat Frank-Walter Steinmeier auf zum Opel-Werk in Rüsselsheim, um vor 15 000 Mitarbeitern medienwirksam seine Unterstützung zuzusagen. Die Opel-Manager verkünden derweil, sich von GM abkoppeln zu wollen. Um eigenständig zukunftsfähig zu werden, bräuchten sie bloß noch 3,3 Milliarden Euro.

Guttenberg mahnt, man dürfe Steuergelder nicht leichtfertig aufs Spiel setzen. Er warnt vor dem »Irrglauben«, dass das Eingreifen des Staates vor Arbeitsplatzabbau schütze. »Im Gegenteil erzwingen die EU-Vorgaben gerade bei Umstrukturierungsbeihilfen grundsätzlich einen Kapazitätsabbau.« Er erklärt in Interviews die Möglichkeit zum Neuanfang, den das Insolvenzrecht biete. Opel legt der Bundesregierung einen Rettungsplan vor, der allerdings wegen großer Lücken eher verärgert als überzeugt. Unklarheit herrscht etwa bezüglich der Patentrechte. GM soll Opel-Patente als Sicherheiten an das US-Finanzministerium abgetreten haben. Ohne diese Patente, die einen großen Wert des Unternehmens darstellen, ginge der Rettungsplan kaum auf. Daraufhin tut Guttenberg das Undenkbare: Er spricht nach einem Opel-Spitzentreffen im Kanzleramt vor den Kameras von der Möglichkeit der Insolvenz. Innenminister Schäuble hatte zuvor erklärt, dass eine Insolvenz Opels nicht ausgeschlossen werden dürfe. Guttenberg schließt sich dem nun öffentlich an. Eine Insolvenz bedeute ja gerade nicht automatisch den Untergang eines Unternehmens. »Wenn das Geschäftsmodell zukunftsträchtig ist, kann eine Insolvenz auch arbeitsplatzerhaltend wirken.«

Während andere Automobilhersteller und liberale Ökonomen Beifall klatschen, gehen die Gewerkschaften, Teile der Union und die SPD auf die Barrikaden. Die Ministerpräsidenten der Länder mit Opel-Standorten sind entsetzt. Jürgen Rüttgers will in Nordrhein-Westfalen nächstes Jahr die Landtagswahl gewinnen. Der Hesse Roland Koch macht gemeinsame Sache mit dem SPD-Kollegen Kurt Beck aus Rheinland-Pfalz und den Betriebsräten. Er schlägt ein eigenes Rettungskonzept für Opel vor, wonach der Staat einem privaten Investor für einige Jahre das Risiko der Pleite abnehmen soll. Guttenberg weist das sofort zurück.

Die SPD glaubt, den Wirtschaftsminister nun endlich als das große Feindbild für den Wahlkampf aufbauen zu können. Er soll das Schreckgespenst einer möglichen schwarz-gelben Regierung verkörpern: die Rückkehr der Marktradikalen und Neoliberalen. Der reiche Baron, der die soziale Kälte bringt. Das soll vor allem die linken Stammwähler ansprechen, die aus Wut über die Agenda 2010 zur Linkspartei übergelaufen sind. Die SPD-Strategen können sich nicht vorstellen, dass die Opel-Rettung in der Bevölkerung alles andere als beliebt ist. Sie werden sich damit verzetteln.

Guttenbergs Antrittsbesuch in den USA im März steht nun ganz im Zeichen des Blitzes. Der neue Minister möchte mit GM-Vetretern die Chancen einer Herauslösung der deutschen Tochter sondieren. Doch er weiß, dass er nicht mit einer Patentlösung nach Hause kommen wird. Denn GM steckt in einer enormen Schieflage, hat 19 Milliarden Euro Schulden. Opel ist den Managern dort noch das geringste Problem. Doch zumindest taugt die Reise dazu, guten Willen zu zeigen. Und sie bietet eine Bühne für den Minister, der sichtlich darauf brennt, Zeichen zu setzen.

Er packt seinen Tag randvoll mit Terminen. Am ersten Vormittag trifft er in New York die Vorstandsvorsitzenden der drei wichtigsten Investmentbanken Morgan Stanley, JP Morgan Chase und Goldman Sachs, bei denen sich, wie er später überrascht feststellt, »die Selbstkasteiung in messbaren Grenzen hält«. Soll heißen: Von einer Einsicht, etwa über ein Mitverschulden der gigantischen Krise, ist wenig zu spüren. Er trifft die Mitglieder der Chefredaktion des *Wall Street Journal*, darunter die renommiertesten Wirtschaftsjournalisten des Landes, und danach den Berater von US-Präsident Barack Obama für wirtschaftspolitische Fragen, insbesondere die Finanzkrise, Paul Volcker.

Zum Abendessen lädt er deutsche und amerikanische Politiker, Banker und Geschäftsleute. Auch Milliardär und Unternehmerlegende George Soros, der einst als Großspekulant das britische Pfund aus dem europäischen Währungssystem warf, kommt, um bei Reissuppe und Steak Guttenbergs Rede über das deutsche Konjunkturprogramm zu hören. Die Kontakte zu diesen Entscheidungsträgern Amerikas hat Guttenberg sich selbst organisiert.

In Washington geht es weiter mit Obamas Wirtschaftsberater Larry Summers, dem Direktor des Internationalen Währungsfonds Dominique Strauss-Kahn und dem Chef der Weltbank Robert Zoellick. Und natürlich trifft Guttenberg GM-Chef Rick Wagoner. Die Termine beginnen um sieben Uhr morgens, der Tag endet nach Gesprächen mit den mitreisenden Journalisten gegen Mitternacht. Und das sind viele. Selten war ein Airbus der Luftwaffe so gut mit Medienleuten besetzt. Wenn andere Minister reisen, nehmen sie zwölf bis fünfzehn Korrespondenten mit. Bei Guttenberg sind es 38. Und er nimmt sich Zeit für die amerikanischen Medien. Er wird vom altehrwürdigen Fernsehreporter Jim Lehrer befragt, der auch die Wahlkampfdebatten der amerikanischen Präsidentschaftskandidaten moderiert. Von Lehrer interviewt zu werden ist wie ein Ritterschlag. Die deutschen Diplomaten sind beeindruckt. So offensiv hat hier noch kein deutscher Minister die Medien bedient. Guttenberg läuft auf allen Kanälen. Spontan spricht er in die Mikros, hält Reden aus dem Stegreif und gewinnt die Medienvertreter mit ein paar flapsigen Sprüchen im Off für sich. Sie ist ihm vertraut, die amerikanische Art, dadurch wirkt er hier nicht fremd.

Nur mit den Fotos hat er kein Glück. US-Finanzminister Timothy Geithner spricht zwar statt einer halben eine ganze Stunde mit ihm, doch ein gemeinsames Foto lässt er nicht zu.

Möglicherweise möchte er nicht so wirken, als befasse er sich bereits mit den Verhandlungen über die Zukunft von GM. Denn GM ist in den USA noch immer ein eigenständiges Unternehmen, die Schieflage also offiziell nicht Sache der amerikanischen Regierung. Außerdem sind hier Staatshilfen für die marode Autoindustrie höchst unbeliebt. Und dann noch ein Zeichen setzen, man werde auch auf die Wünsche der deutschen Autoindustrie Rücksicht nehmen? Undenkbar. Für Guttenberg wäre das Foto mit Geithner wichtig als Beweis, dass er sich gleich an ranghöchster Stelle für Opel einsetzt. So bleiben ihm nur die Fotos, auf denen er allein zu sehen ist: vor dem Kapitol, vor dem Weißen Haus – und verhängnisvollerweise auf dem New Yorker Times Square.

Es entsteht in nur einem kurzen Moment der Unachtsamkeit. Als er mit den mitreisenden Fotografen über die 46. Straße und den Broadway läuft, bitten sie ihn um ein typisches New-York-Foto mit den großen Leuchtreklamen im Hintergrund. Sie fordern ihn mehrfach auf, bis Guttenberg kurz posiert. Ob er denn nicht beide Arme ausstrecken könne, mit geballten Händen und den Daumen nach oben? Spätestens auf diese Frage hin hätte er eingreifen müssen, ärgert sich Guttenbergs junger persönlicher Referent später. Er hätte wissen müssen, wie das Bild zu Hause wirken würde. Doch alles geschah in Sekunden. Die hochgestreckten Daumen sind Guttenberg zu viel der Siegerpose. Also bereitet er einfach die Arme aus, ein bisschen wie ein Prediger, und lächelt.

Das Bild wirkt perfekt inszeniert, es strotzt vor Selbstbewusstsein. Das hier ist auch nur New York, könnte Guttenbergs Aussage sein, hier schaff ich es wie überall sonst auch. Er wird das Foto später verteidigen, auch in der Krise dürfe die Fröhlichkeit nicht völlig verloren gehen. Doch für die Medien in Deutschland ist das Bild ein Symptom für offensive Selbstvermarktung. Endlich ein Angriffspunkt an dem geschliffenen neuen Minister. Sie stürzen sich darauf. Fast alle großen Tageszeitungen drucken das Bild am nächsten Tag auf der ersten Seite. »Der kleine Baron in der großen Stadt«, titelt die *Süddeutsche Zeitung* und überzeichnet mit der Formulierung »Was kostet die Welt?« die Geste mit den ausgebreiteten Armen. »Opel-Theater!«, schimpft die *Frankfurter Allgemeine Zeitung*, aber immerhin schimpft sie auf Seite eins. Dahin hatte es Glos, wie ein Beobachter schreibt, zum Schluss nur noch mit seinem spektakulären Rücktritt gebracht.[81] SPD-Politiker versuchen, dem Bild tiefergehende Bedeutung zu verleihen. Das Bild mitten im ehemaligen New Yorker Rotlichtviertel und heutigen Spaßbezirk sei ein »Schlag ins Gesicht« für Tausende von Opelanern, die um ihre Jobs fürchteten. Kann denn so jemand ihre Sorgen überhaupt ernst nehmen? Geht es ihm nicht nur um das eigene Image? Ist er nicht doch nur der kalte Baron?

Während die heimischen Redaktionen lästern, sind die mitgereisten Korrespondenten beeindruckt von dem atemlosen Tempo Guttenbergs. Der Dauerstress beflügelt ihn. Es ist typisch für den neuen Minister, dass er abends mehr Energie hat als morgens. Bei den abendlichen Pressegesprächen sitzt er topfit vor ziemlich müden Journalisten. Die haben noch nie erlebt, dass ihnen ein Minister sagt, wann sie doch bitte in der Früh ihre Koffer abgeben möchten, oder sich danach erkundigt, ob sie was »Gescheites zum Essen« bekommen hätten.[82]

Den wenig gehaltvollen Politikerjargon kann Guttenberg natürlich auch bedienen, zum Beispiel wenn er, nach dem Erfolg der Reise gefragt, angibt, man habe jetzt mit der amerikanischen Regierung »ein zielführendes Miteinander«. Doch abgesehen davon spricht er Klartext. Er weiß, dass ohne das Wohlwollen der

US-Regierung die Opel-Rettung gar nicht erst anlaufen kann. Alles hänge nun von dem Konzept ab, das GM bis zum 31. März vorlegen will, so Guttenberg. Es müsse zukunftsfähig sein und von Washington und Berlin akzeptiert werden können. Im Übrigen sei weder die US-Regierung noch die Bundesregierung weiter bereit, Milliarden in ein Unternehmen zu stecken, das dem internationalen Wettbewerb auf Dauer nicht gewachsen sei.

Opel machte in einem Papier für die Bundestagsabgeordneten die Finanzkrise und mangelnde Kreditversorgung als Folge der Finanzkrise für seine Probleme verantwortlich. Guttenberg und Geithner führen diese hingegen eher auf fundamentale strukturelle Fehler beim Autobauer zurück. Das sind deutliche Worte. Guttenberg sagt auch: »Der Hoffnungsschimmer für Opel ist ein Stück heller geworden.« Das weckt Hoffnungen. Und er sagt: »Jetzt stellen wir die Forderungen.« Das klingt stark, so als liege das Schicksal Opels jetzt tatsächlich in der Hand der wohlwollenden Bundesregierung. Es ist jedoch irreführend, denn Opel gehört immer noch GM. Genau diese Tatsache wird alle weiteren Verhandlungen der Bundesregierung ad absurdum führen und sie gründlich blamieren. Guttenberg steigert durch seine Äußerungen die Erwartungen an diese Reise. Wenn alles so einfach ist, dann müsste doch jetzt nur noch schnell gehandelt werden, ätzt die SPD. Und FDP-Chef Guido Westerwelle kann süffisant das Resümee ziehen: »Außer Spesen fast nichts gewesen.«

Doch in Sachen Opel war ein Durchbruch ja gar nicht möglich. Eine gemeinsame Absichtserklärung mit Finanzminister Geithner setzt ein Zeichen der Kooperation. Man hat die gegenseitigen Positionen sondiert. Jenseits von Lösungsansätzen zu konkreten Sachfragen ist die Reise für einen Antrittsbesuch eines neuen deutschen Bundeswirtschaftsministers beachtlich. Guttenberg schafft sich ein Profil, sowohl in Regierungskreisen als auch bei den amerikanischen Medien. »Wann wurde hier zuletzt ein deutscher Wirtschaftsminister überhaupt wahrgenommen?«, fragt ein amerikanischer Hauptstadtkorrespondent.

Zu Hause geht das Zerren um Opel weiter. SPD-Politiker mahnen zur Eile. Guttenberg besteht auf gründlicher Prüfung der vorgelegten Konzepte sowohl von GM als auch von interessierten Investoren. GM-Europa-Chef Carl-Peter Forster warnt, das Geld drohe ab April knapp zu werden. Merkel bekräftigt bei einem Besuch im Rüsselsheimer Werk ihre Unterstützung für Opel, lehnt jedoch einen direkten Staatseinstieg ab. Auch Guttenberg möchte nicht über staatliche Hilfen spekulieren, weil er meint, damit die Verhandlungssituation Opels gegenüber potenziellen Investoren zu schwächen. Die SPD nutzt dieses Vakuum. Arbeitsminister Olaf Scholz sagt im Interview, er »fürchte sich nicht davor, dass der Staat bei Opel einsteigt«. Der Bundeswirtschaftsminister solle einfach nicht so ängstlich sein, scheint er zu meinen. »Opel sterben zu lassen wäre mehr als ein Fehler, es wäre ein unentschuldbares Regierungsversagen.« Wer da nicht hilft, das ist unmissverständlich, der kriegt es knüppeldick.

Die Genossen sind zu sehr auf der Suche nach einem Leitmotiv für ihren holprigen Wahlkampf, um die Zeichen der Zeit zu erkennen. Denn schon im Frühjahr lehnt die Mehrheit der Deutschen Staatshilfen für Opel ab. In Umfragen des Meinungsforschungsinstituts Emnid sprechen sich stets zwischen 60 und 70 Prozent gegen eine staatliche Rettung aus. Dafür ist maximal ein Drittel der Bevölkerung. Ein großes Unternehmen retten zu wollen ist schlicht und ergreifend nicht mehr mehrheitsfähig.

Die Erklärung liegt zu einem Teil am Gerechtigkeitsempfinden der Deutschen: 2,15 Millionen sind im April bereits in Kurzarbeit. Sie beziehen deshalb einige Hundert Euro weniger

Lohn, was sie zu harten Sparkursen zwingt. Sie bangen langfristig um ihren Arbeitsplatz. Täglich müssen mittelständische Unternehmen Insolvenz anmelden. Warum sollte die Regierung dann ausgerechnet Opel retten? Warum nur die Großen? Schon macht der Spruch die Runde, ein mittelständisches Unternehmen erkenne man daran, dass der Staat ihm in Notlagen nicht helfe.

Ähnlich ablehnend sehen die Deutschen das Hilfegesuch des Arcandor-Konzerns, der ein weiterer Härtefall Guttenbergs in diesem Frühjahr ist. Zu Arcandor gehören die deutschen Traditionshäuser Karstadt und Quelle. Die Kaufhäuser prägen viele deutsche Innenstädte. Doch auch hier ist sich die Bevölkerung weitgehend einig: Eine deutliche Mehrheit von 77 Prozent ist im Juni laut ZDF-*Politbarometer* gegen Staatshilfen für Arcandor. Auch die mutmaßliche Hoffnung der Genossen, ihre Wähler links dieser Mehrheit abzugreifen, ist illusionär. Denn von den SPD-Anhängern sind ebenfalls 74 Prozent dagegen. Nur 18 Prozent befürworten die Staatshilfe.

Doch zurück zu Opel. Der italienische Autohersteller Fiat, der kanadische Autozulieferer Magna und der belgische Finanzinvestor RHJ International melden ihr Interesse an Opel an, zuletzt auch der chinesische Autohersteller BAIC.

Zunächst ist die Magna-Lösung das Baby des Opel-Betriebsratschefs Franz, der ja bei seinem Besuch bei GM die Möglichkeit einer Loslösung Opels von GM wittert. Angesichts der drohenden Insolvenz wollten die Manager verkaufen, was Geld bringt. Der parteilose Belegschaftsvertreter beginnt seine Lobbyarbeit für staatliche Milliardenhilfe und einen Investor. Davon überzeugt er Steinmeier, der darin sein Wahlkampfthema sieht. Schließlich hatte sich auch sein Ziehvater, Altkanzler Gerhard Schröder, bereits als Firmenretter in der drohenden Holzmann-

Pleite profiliert. Holzmann ging zwar drei Jahre und viele vergeudete Steuergelder später trotzdem spektakulär pleite, aber Schröder hatte erst einmal gepunktet. Franz überzeugt auch Koch. Bald hat er die einflussreichsten Sozialdemokraten und Unionspolitiker hinter sich.

Dass man sich dermaßen überstürzt auf Magna als Favoriten festlegt, ist der erste Schritt in die »Opel-Falle« und, wie der *Spiegel* später schreibt, »ein Lehrstück über die Gefahren, in die sich Politiker begeben, wenn sie als Firmenretter auftrumpfen wollen«.

Warum Magna? Zunächst einmal versprechen die Repräsentanten des Autozulieferers die Dinge, die die Politiker gern hören wollen. Sie machen die größten Zugeständnisse, was den Erhalt von Arbeitsplätzen in Deutschland angeht. Die vier deutschen Opel-Standorte sollen erhalten bleiben, nur 2600 Werksstellen in Deutschland gestrichen werden. Dass ebenfalls Tausende Verwaltungsangestellte entlassen werden sollen, kommt erst später heraus. Magna ist kein direkter Konkurrent von Opel, auch das spricht für den Erhalt von möglichst vielen Arbeitsplätzen. Offiziell heißt es, der kanadisch-österreichische Autozulieferer komme aus der Branche und könne neue Märkte für Opel eröffnen. Dies ergebe ein »tragfähiges Konzept für die Zukunft von Opel«, beteuert Merkel in einem Zeitungsinterview.

Andere können gar nicht konkret benennen, warum sie Magna befürworten. SPD-Chef Franz Müntefering etwa gibt zu, er kenne das Magna-Konzept zwar nicht im Detail, aber es erscheine ihm dennoch als das sinnvollste. Die Medien verweisen darauf, dass Sberbank-Chef German Gref, der mit seinem Kreditinstitut am Magna-Konzept beteiligt ist, ein enger Vertrauter des russischen Regierungschefs Wladimir Putin ist, der sich in geschäftlichen Belangen noch immer auf seinen Kumpel,

Münteferings Parteikollegen Altkanzler Schröder, verlassen konnte. Müntefering macht mächtig Druck auf die Union und insbesondere Guttenberg, sich auf Magna festzulegen. Er wirft ihm »Unwillen, zu helfen« vor.

Die Befürworter sind unbeirrt davon, dass Magna wesentlich mehr staatliche Bürgschaften verlangt als die Konkurrenten. Magna braucht 4,5 Milliarden von Bund und Ländern, Finanzinvestor RHJI »nur« 3,8 Milliarden. Doch RHJI scheidet aus, schon weil Chef Leonhard Fischer bei den Verhandlungen im Kanzleramt ausspricht, was keiner hören will. Warum er sich denn für Opel interessiere, fragt ihn die Kanzlerin. Fischer sagt, was mutmaßlich alle potenziellen Investoren denken: »Wegen der asymmetrischen Risikoverteilung.« Soll heißen: Da der Staat ja das ganze Risiko trägt, wäre man schön doof, nicht zuzuschlagen. Aber das ist zu viel der schmerzlichen Wahrheit und klingt so gar nicht nach dem, was Merkel gern hört. Mit dem Mann ist im Wahlkampf vermutlich kein Blumentopf zu gewinnen.

Magna-Chef Siegfried Wolf hingegen antwortet auf die gleiche Frage, er glaube eben an das Unternehmen, an die Zukunft des Automarktes und den Wert der Marke Opel. Das klingt viel besser. Da kann das Magna-Konzept noch so unzulänglich sein. Das Unternehmen selbst möchte nur 20 Prozent der Anteile an Opel Europe, das dann »New Opel« heißen soll. 35 Prozent blieben bei GM, zehn Prozent würden die Opel-Händler und -Mitarbeiter erhalten. Weitere 35 Prozent gingen an das russische Kreditinstitut Sberbank, das mit der Beteiligung einen maroden Kreditkunden sanieren will: den russischen Autobauer Gaz mit rund 100 000 Beschäftigten.

Guttenberg weist auf das Risiko hin, dadurch sei »mittelfristig ein Abwandern von Technologie und Arbeitsplätzen nach Russland« zu befürchten. Er hält es für wahrscheinlich, dass russische

Arbeiter anstelle der Opelaner in Bochum, Rüsselsheim, Kaiserslautern oder Eisenach die von deutschen Ingenieuren entwickelten Fahrzeuge zusammenbauen würden. Diese Befürchtung bestätigt Russlands Vizepremier Sergej Iwanow im *Rheinischen Merkur*. Man verspräche sich Vorteile davon, dem deutschen Autobauer »zu Hilfe« (die Wortwahl ist in diesem Zusammenhang beachtlich) zu kommen. »Nur noch die Stoßstange anschrauben, so wie einst bei BMW in Kaliningrad, die Nummer läuft nicht mehr.« Dem darf man entnehmen, dass die Russen sich von dem Deal einen Technologietransfer versprechen: Hightech zum Billigpreis.

Doch das ist erst der Anfang der Probleme mit Magna. Der Investor selbst droht durch den Einstieg bei Opel in Bedrängnis zu geraten. Denn der Zulieferer würde als Eigner des deutschen Autobauers zum Konkurrenten seiner bisherigen Kunden werden. Einer der wichtigsten unter ihnen ist Europas größter Autokonzern VW. Dessen Chef Martin Winterkorn kündigt bereits an, die Auftragsvergabe seines Konzerns an Magna im Falle einer Opel-Übernahme überprüfen zu lassen. Dazu die problematischen russischen Partner. Wie könnte man aus dem Fahrzeughersteller Gaz, der selbst ein Sanierungsfall ist, mit noch so viel Kreativität einen geeigneten Partner für den Sanierungsfall Opel machen? Mit Opel, so scheint es, soll die Fertigung in Russland ausgebaut werden. Kann Opel das wirklich leisten? Muss nicht die eigene Sanierung erst einmal im Vordergrund stehen?

Das fundamentalere Problem des Magna-Angebotes ist, dass es keine langfristigen Perspektiven für Opel bietet. Der Autobauer verkaufte in Europa 2008 bei einer Kapazität von 2 Millionen nur 1,4 Millionen Autos. Das sind zu wenig, um auf Dauer hohe Investitionen in neue Technik zu finanzieren. Die Aussichten, dass Magna mit Opel jemals Gewinne einfahren wird, stehen denkbar schlecht.

Magna hat GM außerdem zugesichert, dass das neue Unternehmen weiter an den Mutterkonzern zahlen wird. Die hohen Lizenzgebühren von fünf Prozent, die GM für jedes verkaufte Opel-Fahrzeug erhält, sollen nur bis 2015 auf 3,25 bis 3,8 Prozent gesenkt werden. Neue Technologien wie den Einsatz von Brennstoffzellen will sich GM vorbehalten und nicht an Opel abgeben. Ein besonderer Coup des Mutterkonzerns: Die wichtigen riesigen Märkte in den USA und China hat GM per Vertrag ganz oder teilweise für das neue Unternehmen gesperrt. Wohin soll Opel also wachsen – nach Russland? Und warum nehmen die Magna-Chefs all diese Einschränkungen in Kauf? Wollen sie Opel auf Kosten der deutschen Steuerzahler ausbluten lassen? Denn Kapital hat der neue »Investor« ja auch keins. Er geht völlig überschuldet an den Start. Guttenbergs Mitarbeiter schätzen, dass Magna bis zu vier Milliarden Euro an Kapital fehlen. Während der Staat mit 4,5 Milliarden bürgen soll, bringt Magna nur eine halbe Milliarde mit, an echten Eigenmitteln sogar nur 350 Millionen.

Steinmeier und seine Genossen lassen sich dadurch nicht von Magna abbringen. Um Opel als Wahlkampfthema zu neutralisieren, zieht die Kanzlerin mit. Außerdem kommt ihr die russische Magna-Komponente in anderer Hinsicht ganz gelegen. In unmittelbarer Nähe ihres Wahlkreises auf Rügen liegen große Werften, die auf russische Großinvestitionen hoffen. Bei einem Treffen mit Russlands Präsidenten Dmitrij Medwedew im Juli auf Schloss Schleißheim bei München sagt der diese Investitionen zu, Merkel verspricht im Gegenzug ihre Unterstützung für Magna.

Nur Guttenberg will nicht mitspielen. Er wird nicht müde, die Kollegen für ihre wettbewerbshinderliche Vorfestlegung zu rügen und auf die mit den jeweiligen Investoren verbundenen Risiken hinzuweisen. Im Mai geht Opel das Geld aus. GM und

Magna haben keine Eile, ihren Vertrag unter Dach und Fach zu bringen. Schließlich setzt der Engpass die Regierung nur vier Monate vor der Bundestagswahl unter erheblichen Druck, in Vorleistung zu gehen. Guttenberg ist dagegen, weil die Regierung sich damit schon auf ein Konzept für die Zukunft Opels festlegen würde. Wenn man jetzt 1,5 Milliarden Überbrückungshilfe zur Verfügung stellte, säßen die Investoren hernach am längeren Hebel; dann wäre es für die Regierung eine brutale, weil offensichtliche Niederlage, Opel doch noch in die Insolvenz zu schicken. »Der Staat läuft Gefahr, sich erpressbar zu machen, wenn er einmal großzügig hilft«, sagt Guttenberg.

Doch das ist nicht das Einzige, was gegen die Überbrückungshilfe spricht. Das Ausfallrisiko wäre angesichts der laufenden Verluste der Adam Opel GmbH überdurchschnittlich hoch, wie aus einer vertraulichen Mitteilung der Bundesregierung an den Haushaltsausschuss des Bundestages hervorgeht. Zu den 300 Millionen Euro Notkredit, die Opel braucht, um erst einmal weiterzuarbeiten, sollen staatliche Institute wie die Kreditanstalt für Wiederaufbau und die Landesbanken noch 1,2 Milliarden Euro beisteuern. Sollte Opel das Geld nicht zurückzahlen können, müsste der Staat einspringen.

Von der Summe würden nur 750 Millionen im Land bleiben. 600 Millionen Euro, für die der deutsche Steuerzahler bürgen müsste, flössen ins spanische Saragossa, um den Betrieb im dortigen Opel-Werk zu gewährleisten. Die restlichen 150 Millionen kämen den britischen Vauxhall-Werken zugute, die auf Risiko der Deutschen damit Werkzeug für den Bau des neuen Astra finanzieren könnten. Zudem ist ungeklärt, wie zu verhindern ist, dass deutsche Gelder aus dem Notkredit in die USA fließen. Für Guttenberg spricht wegen dieser Unwägbarkeiten alles gegen die Überbrückungshilfe. Öffentlich sagt er weiterhin, man dürfe die Insolvenz nicht ausschließen. Dafür gerät er unter schweren Beschuss von Gewerkschaftern und Genossen, weil er die Pleite angeblich herbeirede.

Ein großer Gipfel im Kanzleramt am 27. Mai 2009 soll Klarheit bringen. Steinmeier schraubt vor Beginn die öffentlichen Erwartungen hoch, indem er sagt, man werde heute die staatliche Brückenfinanzierung für Opel ganz sicher unter Dach und Fach bringen. Damit erhöht er den Druck auf die Regierung, in seinem Sinne zu handeln. Guttenberg hingegen versucht, die Erwartungen zu dämpfen. Eine Einigung auf einen Investor sei noch nicht zu erwarten, sagt er, schließlich stünden noch erhebliche Nachbesserungen von Fiat und Magna aus. Auch das Angebot des chinesischen Autobauers BAIC sei »noch ausbaufähig«. Theoretisch ist alles offen, doch öffentlich wird nun endlich eine Lösung erwartet. Guttenbergs Kollegen wollen sich als Retter feiern. Ihnen stehen Wirtschaftsvertreter gegenüber, die die Insolvenz fordern. Die Bundesregierung werde im Fall Opel erpresst, sagt Ifo-Präsident Hans-Werner Sinn. Die Kaufinteressenten nutzten es aus, dass Politiker im Bundestagswahlkampf ein Traditionsunternehmen wie Opel nicht pleitegehen lassen wollten. Und selbstverständlich tun die potenziellen Investoren genau das. Sie haben, wie die Politiker auch, ihre ganz eigenen Interessen im Sinn.

Um kurz nach 20 Uhr beginnen die Spitzengespräche im Kabinettsaal. Von Regierungsseite sitzen die Kanzlerin, Steinmeier, Steinbrück und Guttenberg am Tisch, dazu die Ministerpräsidenten der Opel-Standorte: Dieter Althaus, Kurt Beck, Roland Koch und Jürgen Rüttgers. Auch Arbeitsminister Olaf Scholz und Kanzleramtsminister Thomas de Maizière sind dabei. Von den potenziellen Investoren sind die Vertreter von Fiat, Magna und dem Finanzinvestor Ripplewood gekommen, GM ist unter anderem durch dessen Europa-Chef Forster vertreten, die Arbeitnehmer durch Betriebsratschef Franz.

Für den Abend ist ein enger Zeitplan erstellt: Die drei Anbieter sollen zunächst mit den zuständigen Staatssekretären ihre Modelle besprechen. Auch für die Vertreter von GM und dem US-Finanzministerium ist ein solches Gespräch vorgesehen. Die Kanzlerin, die Minister und Ministerpräsidenten werden dann von den Ergebnissen dieser Unterredungen unterrichtet. Im »Beichtstuhlverfahren«, also in Einzelgesprächen, sollen die potenziellen Investoren ihre Konzepte erläutern, Rede und Antwort stehen. Um 23.05 Uhr wäre der Gipfel dann vorbei und das Kind in trockenen Tüchern.

Doch es kommt anders. Die Nacht wird lang und gerät zum Fiasko. Sie beginnt mit einer bösen Überraschung. General Motors will mehr Geld als die avisierten 1,5 Milliarden. Man hätte jetzt lieber 1,8 Milliarden. Außerdem bietet der Mutterkonzern keinerlei Sicherheiten. Die Bundesregierung will die Zahlung von zusätzlichen 300 Millionen nicht akzeptieren. Überhaupt muss ja erst einmal gesichert sein, dass Opel aus der immanenten Insolvenz GMs herausgehalten wird. Deshalb muss es mit der amerikanischen Regierung eine Einigung über ein Treuhandmodell geben. Erst dann wäre auch der Notkredit bei Opel sicher und könnte das Unternehmen bis zum Einstieg des Investors über Wasser halten. Doch von dem Treuhandmodell halten die Amerikaner wenig. Es gebe damit im Falle einer Insolvenz von GM wegen des Gläubigerschutzes rechtliche Probleme. Großgläubiger von GM ist die US-Regierung selbst, die natürlich als solcher alle möglichen Werte des Konzerns zur Verfügung haben möchte.

Im Kanzleramt bricht Chaos aus. Von »absurdem Theater« ist in Verhandlungskreisen die Rede. Man kommt mit der amerikanischen Regierung nicht weiter. Ständig muss telefoniert werden, denn einen bevollmächtigten Verhandlungspartner hat die US-Regierung nicht geschickt. Es ist ein Kommen und Gehen in den Verhandlungszimmern, immer wieder gibt es zwischen der Unions- und SPD-Seite Streit über die Möglichkeit der Insolvenz für Opel. Um 23 Uhr wird der Zeitplan offiziell außer Kraft gesetzt. Es wird Rotwein serviert, zum Rauchen muss niemand mehr vor die Tür gehen, der blaue Dunst steht in den Zimmern. Bis 4.30 Uhr dauert der Gipfelmarathon.

Im Morgengrauen tritt ein sichtlich genervter Guttenberg mit Finanzminister Steinbrück und Ministerpräsident Koch vor die Kameras der Pressevertreter, die die Nacht vor dem Kanzleramt verbracht haben. Die Politiker wirken ein wenig wie nach einer durchzechten Nacht, den Schatten der Bartstoppel im Gesicht, leicht angeschlagen. Die Zukunft von Opel sei weiter offen, sagt Guttenberg. Die drei haben sich immerhin auf die Schuldigen geeinigt: GM und die US-Regierung. Doch da ist auch schon Schluss mit der Einigkeit. Als Guttenberg sagt, dass die Insolvenz von Opel eine Möglichkeit bleibe, wenn sich diese Probleme nicht lösten, fährt ihm Steinbrück schnell über den Mund: Man müsse sich vordringlich am Gelingen einer Lösung orientieren, nicht am Scheitern. Guttenberg will ja gar nicht, bleibt Steinmeiers Botschaft. So gesehen sei er zumindest mitschuldig am Scheitern des Gipfels. Arbeitsminister Scholz gibt diese Darstellung bereits zum Besten. Es gebe da eben den einen oder anderen, »mindestens ein Ministerium«, das die Pläne der Opel-Interessenten schlechtmache, sie gar als »nicht tragfähig« bezeichne, was »schlicht falsch« sei.

Immerhin ist minimale Bewegung vorzuweisen. Ripplewood ist ausgeschieden, Magna und Fiat sollen nun zusammen mit der US-Regierung und GM bis Freitag eine Lösung finden.

Steinbrück und Koch äußern sich optimistisch, dass die Rettung dann doch noch möglich sei. GM habe die Opel-Belegschaft »zum Spielball im Poker um ihre eigene Insolvenz gemacht«, beklagt sich Betriebsratschef Franz. Und Koch, der als Amerikakenner und Wirtschaftsexperte gilt, moniert, die Amerikaner ignorierten die Situation in Europa und versuchten, ihre Tagesordnung durchzusetzen. So als sei es verwunderlich, dass GM für sich die besten Konditionen herausschlagen will und Bedingungen stellt. Er stellt ein »Ultimatum«. Bis 14 Uhr am Freitag erwarte er neue Ergebnisse, sagt er. Was er tun will, wenn seine Erwartungen bis dahin nicht erfüllt werden, sagt er nicht.

Nach dem Desaster vom Mittwoch muss man am Freitag mit dem Kopf durch die Wand. Das gelingt. Dabei kommt es, wie eingangs beschrieben, zu Guttenbergs Beinaherücktritt. Das potenziell Heldenhafte daran versucht die SPD herunterzuspielen. Guttenberg habe schließlich der staatlichen Brückenfinanzierung für Opel nicht widersprochen, sagt Steinmeier. Im Übrigen möchte er sich die verheerenden Folgen einer Insolvenz für Zehntausende Familien gar nicht vorstellen. Er selbst hat Deutschland demnach vor dem Schreckensszenario der Guttenberg-Lösung bewahrt.

Der Wirtschaftsminister bekommt Rückendeckung von seiner Partei. Guttenberg habe mit seiner skeptischen Haltung seine volle Unterstützung, sagt Seehofer. CSU-Landesgruppenchef Ramsauer spricht vom »vollen Respekt«, den man dem Minister entgegenbringe. Wirtschaftsexperten der Union bekunden ihre Zustimmung. Der Vorsitzende des Wirtschafts-Sachverständigenrats, Wolfgang Franz, begrüßt Guttenbergs Haltung und warnt vor einer Überforderung des Staates: »Man sollte Opel besser in einem Insolvenzverfahren retten.« Ifo-Präsident Sinn rechnet aus, dass der Erhalt eines Arbeitsplatzes bei Opel an staatlichen Garantien nun zwischen 198 000 Euro und 296 000 Euro kostet, die Einrichtung eines neuen Arbeitsplatzes in der Automobilbranche jedoch »nur« 174 000 Euro.

Der Öffentlichkeit bleibt nicht verborgen, dass es die verkündete Opel-Rettung noch gar nicht gibt. Es gibt lediglich einen ziemlich teuren Aufschub der Problematik, der den Autobauer bis nach der Bundestagswahl über Wasser halten wird. Nicht einmal der Fortbestand der vier deutschen Standorte ist gesichert. Es gibt mit Magna keine schriftliche Festlegung zu ihrer Sicherung oder zum Ausmaß des Stellenabbaus. Ganz unverbindlich ist nach wie vor die Rede von 2500 Produktionsstellen in Deutschland. Doch es dürfen hinterher auch durchaus mehr sein. Fixiert ist lediglich, dass die europäischen GM-Anteile zunächst unter die Aufsicht eines Treuhänders fallen, bis das Magna-Konzept ausgearbeitet ist. Und Magna kann jetzt die Bedingungen diktieren, da es eine politische Blamage wäre, Opel jetzt doch noch in die Insolvenz zu schicken.

Sberbank-Chef Gref schüttet Öl ins Feuer, indem er sich in einem Interview im *Rheinischen Merkur* darüber freut, man habe mit Opel »einen der fortschrittlichsten Autobauer Europas zu einem beispiellos niedrigen Preis bekommen«. Die Befürchtung, Magna sei bloß ein Instrument der Russen, um die Gaz-Werke auf Vordermann zu bringen und Opel als billige Technologiequelle zu nutzen, scheint er zu bestätigen. Das klingt jedenfalls nicht so, als hätte die Regierung für den deutschen Steuerzahler einen tollen Deal ausgehandelt. Und je mehr Details über den geplanten Einstieg von Magna und Sberbank bei Opel bekannt werden, desto mehr Beifall erhält Guttenberg.

»Ohne die Drohung der Insolvenz wäre die Rettung den Staat womöglich noch teurer gekommen«, schreibt die *Frankfurter Allgemeine Zeitung*. »Insofern war es richtig, dass Guttenberg das wahltaktische Spiel der SPD und auch der Kanzlerin nicht mitgemacht hat.« Im Superwahljahr schien »das ungeschriebene Gesetz zu gelten, dass nur Politiker akzeptiert werden, die jedem schlingernden Unternehmen Steuergelder nachwerfen«, schreibt die *Welt*. Guttenberg habe seinen Widerspruch öffentlich gemacht, und der Wähler hätte diese Haltung honoriert. »Bewiesen hat er bereits jetzt, dass Politikverdrossenheit endet, wenn der Wähler nicht unterschätzt wird.« Guttenberg habe gewusst, dass eine Opel-Insolvenz eine »heilende Operation« hätte sein können, schreibt Hans D. Barbier in der *Bild*. »Aber das hat nicht der Retter-Rhetorik der Kanzlerkandidaten der SPD entsprochen. Und steht wohl auch nicht im Handbuch des Populismus, das sich die Kanzlerin unmittelbar nach Amtsantritt aufs Nachtkästchen gelegt hat.«

Diese Reaktionen und Guttenbergs gestärkte Position tragen mit dazu bei, dass er sich im Fall Arcandor durchsetzen kann. Erfreulich für ihn ist auch, dass der Regierung der Opel-Magna-Deal noch als krachende Niederlage vor die Füße donnert. Als GM im November verkündet, Opel nun doch zu behalten und damit der ganze Magna-Deal spektakulär und höchst blamabel platzt, wird das in der *Welt* als Merkels größte politische Niederlage gewertet. Guttenberg hält sich mit »Ich habs euch ja gesagt«-Sprüchen vornehm zurück – sein Triumph ist zu offensichtlich.

Im Fall Arcandor ist die Situation für Guttenberg jedoch komplizierter. Der Handelsriese, zu dem Karstadt und Quelle gehören, hat um eine Staatsbürgschaft von 650 Millionen Euro gebeten, sonst droht die Insolvenz. Da das Unternehmen schon vor der Wirtschaftskrise in Schwierigkeiten war, hat es eigentlich keinen Anspruch auf staatliche Hilfe. Wirtschaftspolitisch ist die Lage zwar klar, doch parteipolitisch steht Guttenberg unter enormem Druck. Von den bundesweit 50 000 Arbeitsplätzen bei Arcandor liegen 7700 im Freistaat. Allein am Quelle-Standort Fürth bei Nürnberg sind 4500 Menschen beschäftigt. Minister-präsident Seehofer hat sich die Unternehmensrettung auf die Wahlkampf-Fahne geschrieben, ebenso der bayerische Umwelt-und Gesundheitsminister Markus Söder. Aus seinem Wahlkreis Nürnberg-West arbeiten viele beim Versandhaus in Fürth. Die CSU-Basis macht Stimmung: »Karl-Theodor, sei helle. Erhalte uns die Quelle.«

Guttenberg macht von Anfang an keinen Hehl aus seiner Skepsis. Ende Mai protestieren 6000 Menschen vor seinem Mi-nisterium in der Berliner Scharnhorststraße für Arcandor. »Wir sind ein Stück Deutschland«, steht auf Plastikschildern, goldene Karstadt-Tüten hängen in den Bäumen. Die Stimmung ist kämpferisch. Die Partymusik, die Trillerpfeifen, die Rufe sind ohrenbetäubend. Der Minister sieht die Menge vor seiner Ein-fahrt, als er von einem Termin im Bundestag zurückkommt. Er bittet seinen Fahrer, anzuhalten. Er werde zu den Demonstran-ten sprechen, teilt er seinem Referenten mit und springt aus dem Auto. Er drängt sich durch die Menge zur Bühne. Das BKA läuft hinterher, solche Massenaufläufe sind für sie Schwerstar-beit. Die Leute schauen ungläubig. »Isser das wirklich?«, fragt eine. Andere pfeifen ihn aus. Guttenberg bleibt immer wieder stehen, versichert denen, die ihn ansprechen, dass er den Antrag Arcandors gewissenhaft prüfen werde. Als er die Bühne betritt, wird es still. Es gehöre sich nicht für einen Wirtschaftsminister, mit Demonstranten nicht zu sprechen, sagt er. Der Antrag von Arcandor müsse geprüft werden, bevor er seine Unterstützung zusagen könne. Er bekommt Applaus für seine kurze Rede. Sie weiß nicht, ob er ihnen helfen werde, sagt eine Frau. »Aber dass er sich uns hier gestellt hat, das finde ich gut.«

Laut EU-Reglement darf die Hilfe aus dem Deutschlandfonds nur gewährt werden, wenn das Unternehmen bis zum 1. Juli 2008 wirtschaftlich gesund war. EU-Wettbewerbskommissarin Neelie Kroes lässt mitteilen, dass dies auf Arcandor nicht zutrifft. Das sehen auch die staatlich eingesetzten Wirtschaftsprüfer so und bewerten die Zukunft des Unternehmens düster. Die Experten von Pricewaterhouse Coopers kommen zu dem Schluss, dass Arcandor nicht über die nötige Substanz für eine Staatsbürgschaft verfüge, die Bürgschaftsübernahme sei deshalb mit erheblichen Risiken behaftet. Während Steinmeier und Müntefering noch für die Bewilligung des Kredits plädieren, der laut Müntefering allein schon für die »Zuversicht im Land« wichtig sei, lehnt ihr Parteigenosse und Finanzminister Peer Steinbrück ihn ab. Die Kanzlerin gibt sich bedeckt und verweist darauf, dass allein Wirtschafts- und Finanzministerium zu entscheiden hätten. Arcandor muss am 9. Juni Insolvenz anmelden.

Oberflächlich sei das Land auf den Pfad der Tugend zurückgekehrt, kommentiert die *Welt*. »Der Grund für diese Wende liegt bei Opel. Selten zuvor haben sich Politiker so verkalkuliert – und sind so böse auf die Nase gefallen. Fast alle wollten Opel retten, sogar Angela Merkel. Doch der Gewinner war Wirtschaftsminister Karl-Theodor zu Guttenberg. Mit seinem Nein zu Staatsgeld bei Opel hat er gezeigt, dass sich (ordnungspolitische) Prinzipien lohnen können. Damit hatte kaum jemand gerechnet.« Bei Arcandor waren die Rettungsrufe eher kleinlaut, so als würde nur noch einmal der Form halber protestiert.

Nur Seehofer ist richtig wütend. Er fühlt sich von seinem Wirtschaftsminister vorgeführt. Seehofer ist überzeugt, dass Guttenbergs Verhalten der Partei in Bayern schadet. Er bezweifelt sowieso, dass die Popularität Guttenbergs sich ohne Weiteres in Wählerstimmen für die CSU umsetzen lassen wird. Hier, so findet er, profiliere sich Guttenberg auf Kosten seiner Partei als Ordnungspolitiker. Seehofer kämpft weiter für Quelle. Mit einer staatlichen Bürgschaft über 50 Millionen Euro soll unter anderem der Winterkatalog produziert werden, damit das Geschäft weiterlaufen kann. Bayern will 21 Millionen bereitstellen und drängt die Bundesregierung, für den Rest aufzukommen. Schließlich preise Guttenberg die Insolvenz immer als Chance zum Neuanfang, so Seehofer, nun könne er bei Quelle beweisen, dass sie dies tatsächlich sei.

Der Ministerpräsident mahnt Guttenberg, dass er Franken und Bayern in besonderer Weise verpflichtet sei, doch es fruchtet nicht.[83] Der Wirtschaftsminister macht deutlich, dass er nicht vorhabe, das Unternehmen deshalb bevorzugt zu behandeln. Er brüskiert Seehofer öffentlich, indem er betont, dass der Bürgschaftsausschuss nicht nach »politischen oder isoliert regionalen Kriterien« entscheide, sondern nach objektiven Vorgaben. Wann immer Seehofer fordert, die Entscheidung für Quelle zu beschleunigen, kontert Guttenberg mit den Vorschriften zur Kreditvergabe. Nicht einmal intern zeigt er diplomatisch Wohlwollen. Er macht die Emanzipation von seinem früheren Förderer für alle Welt deutlich. »Die Emanzipation des Zöglings«, überschreibt das *Handelsblatt* seine Geschichte darüber.

Die beiden gehen hart auf hart. Drei Wochen lang wird zäh gerungen. Das Finanzministerium führt die verzweifelt um Rettung bemühte CSU nach allen Regeln der Kunst vor. Man vermittelt zunächst, die Bürgschaft würde genehmigt. Kaum hat Seehofer den Erfolg vermeldet, rügt Steinbrück ihn, er presche mit falschen Nachrichten vor und wolle Tatsachen schaffen. Das ist nicht nur Wahltaktik, um Seehofer möglichst dumm aussehen zu lassen, sondern auch eine Retourkutsche für Opel, als die SPD sich von Guttenberg vorgeführt fühlte. Als der Bund die

Bürgschaft ausschlägt, ist es eine herbe Niederlage für Seehofer. Guttenberg setzt noch einen drauf, indem er erklärt, die Entscheidung sei klar und richtig gewesen. Das Ausfallrisiko soll bei fast hundert Prozent gelegen haben.

Als der bayerische Finanzminister Georg Fahrenschon die Quelle-Rettung durch einen Massekredit verkündet, nennt Guttenberg den Massekredit lediglich »eine Option«. Sollte Quelle endgültig pleitegehen, kann dieser Kredit aus der Insolvenzmasse bedient werden. Dazu müssten jedoch noch die Sicherheiten geprüft werden. Seehofer versucht, den Druck auf die Regierung zu erhöhen, indem er sich bei Quelle in Fürth mit dem neuen Herbstkatalog fotografieren lässt. Für Seehofer hat man schnell ein Exemplar gedruckt und in letzter Sekunde zusammengeklebt. Vor mehreren Hundert Mitarbeitern betont er, dass Bayern »in jedem Falle« den Kredit von 21 Millionen Euro gewähren werde. Er appelliere an die Bundesregierung, den Kredit zuzusagen, und werde an die Kanzlerin appellieren, Quelle zur Chefsache zu machen.

Quelle ist nicht der einzige Punkt, in dem ihm Guttenberg öffentlich widerspricht. Guttenberg lässt wissen, dass er von Seehofers europakritischem Kurs nichts hält. Außerdem möchte Seehofer im Wahlprogramm der Union die Jahre 2011 und 2012 für Steuersenkungen benennen. Guttenberg hingegen sagt in einem Interview, eine Präzisierung auf diese Jahre sei nicht sinnvoll. Er ist der Auffassung, dass die Steuersenkungen vom Verlauf der Krise abhängig gemacht werden sollten. Auf diese Diskrepanz angesprochen, sagt Seehofer schlicht, es gebe sie nicht. Hartnäckig bestreitet er jegliche Uneinigkeit mit Guttenberg, egal, wie offensichtlich sie sein mag. Es werde nicht gelingen, einen Keil zwischen ihn und Guttenberg zu treiben: »Guttenberg und ich sind uns da völlig einig!« Nein, sind Sie nicht, wenden die Journalisten ein. Doch, sagt Seehofer. Nein, sagen die Journalisten. Doch, sagt Seehofer wieder, er habe mit Guttenberg gesprochen und wisse es daher.[84] Auch Guttenberg demonstriert Geschlossenheit mit Seehofer: »Die Medien versuchen in diesen Tagen ständig, einen Haarriss zwischen Seehofer und mir zu finden, das ist Quatsch.« Doch zur Vorstellung des Regierungsprogramms seiner Partei, in dem die Jahreszahlen für Steuersenkungen genannt werden, fliegt Guttenberg dann trotzdem nicht. Er hat einen Arzttermin.

Während Seehofer nach außen Einigkeit mit seinem Wirtschaftsminister und damit seine angebliche Kontrolle über ihn demonstriert, zieht er im CSU-Präsidium und im bayerischen Kabinett über ihn her. »Ich war es, der ihn erst zum Generalsekretär und dann zum Minister gemacht hat«, soll er gesagt haben.[85] Erst als der Massekredit schließlich genehmigt wird, platzt Seehofer öffentlich der Kragen. In der regulären Pressekonferenz des bayerischen Kabinetts in der Münchner Staatskanzlei zieht er eine halbe Stunde lang über »die verantwortlichen Ministerien« her. Damit sind mit dem Finanz- und Wirtschaftsministerium Steinbrück und Guttenberg gemeint, doch Seehofer spricht ihre Namen nicht aus, kein einziges Mal. Er wirft ihnen vor, die Zukunft Quelles leichtfertig durch die Verzögerung der Verhandlungen aufs Spiel gesetzt zu haben, spricht von einem »Trauerspiel«. Insbesondere macht es ihn wütend, dass man es so habe aussehen lassen, als würde Bayern leichtfertig mit Steuergeldern umgehen und als sei der Bund der einzige Hüter ordnungspolitischer Interessen. »Das erhöht schon meinen Blutdruck«, sagt der sonst so betont gelassene Seehofer.

Dass Guttenberg sich hier auf ihre Kosten einen schlanken Fuß macht, damit macht er sich in seiner Partei keine Freunde. Auf dem CSU-Parteitag im Juli in Nürnberg wird das deutlich.

Seehofer und Guttenberg begrüßen sich nur mit kurzem Handschlag, danach wechseln sie zwei Tage kein Wort mehr miteinander. Während Seehofer beim Abendessen am Haupttisch mit seinem Generalsekretär, dessen Stellvertreterin und Gott und der Welt redet, unterhält sich Guttenberg etwas abseits mit Edmund Stoiber. Der Parteitag steht unter dem Motto »Was unser Land jetzt braucht: Eine starke CSU in Berlin«. Doch seinen stärksten Mann in Berlin erwähnt Seehofer in seiner eineinhalbstündigen Rede gerade zwei Mal, und das auch nur kurz. Im offiziellen Parteitagsprogramm kommt Guttenberg nicht einmal vor. So tief sitzt Seehofers Verbitterung über Guttenberg, dass er dem mittlerweile bundesweit beliebtesten CSU-Politiker keinen eigenen Auftritt zugesteht. Kommunikationstechnischer Irrsinn: Man stelle sich einen amerikanischen Wahlkampf-Parteitag vor, auf dem der beliebteste Kandidat gar nicht vorkommt.

Die CSU-Basis spricht dann ihr Votum für den Parteivorstand aus: Seehofer wird mit 88,1 Prozent im Amt bestätigt, mit zwei Prozent weniger Stimmen als bei seiner Wahl im Oktober. Das gilt Beobachtern als schmerzlicher Dämpfer so kurz vor der Wahl, Geschlossenheit sieht anders aus. Guttenberg bekommt mit 95 Prozent ein deutlich besseres Ergebnis. Es gibt keinen Zweifel, wem die Zuneigung der Delegierten gehört. Wo immer Guttenberg in Erscheinung tritt, schon als er morgens in die Messehalle kommt, applaudieren die Leute.[86] So ist es hier, so ist es auch draußen im Wahlkampf.

KAPITEL 8

KATEMANIE

Guttenberg wird zum »emotionalen Zentrum« des Wahlkampfes.[87] Einen Hype wie den um ihn und seine Wahlkampfauftritte in diesem Sommer hat es um einen Politiker in der deutschen Nachkriegsgeschichte wohl noch nicht gegeben. Willy Brandt hatte viele Bewunderer und viele Gegner, das Gleiche galt für Gerhard Schröder. Mal wurden sie umjubelt, mal ausgebuht. Ebenso Helmut Kohl, der die Union viermal zum Wahlsieg führte. Er war beim Volk über die Jahre hinweg weniger beliebt als seine Partei. Bei Angela Merkel ist es umgekehrt: Es gelingt ihr nicht, ihre hohen persönlichen Beliebtheitswerte auf ihre Partei zu übertragen. Doch obwohl Merkel landesweit populär ist, stürmen die Menschen nicht zu ihren Auftritten. Es gibt sie, man mag sie, man muss sie nicht unbedingt sehen. Guttenberg schlägt sie beim Zulauf und in den Charts.

Die stürmt er, gleich nachdem er Wirtschaftsminister geworden ist. Schon Ende März 2009 gelangt er im ZDF-*Politbarometer* auf Platz drei der wichtigsten Politiker, hinter Merkel und Steinmeier, obwohl fast die Hälfte damals angibt, Guttenberg gar nicht zu kennen. Auch in der Rangliste des Vertrauens kommt der Wirtschaftsminister im April in einer Emnid-Umfrage schon auf Platz drei, knapp hinter Steinmeier. Gerade seit acht Wochen im Amt, vertraut dem Minister über die Hälfte derer, die ihn kennen. Jeder Dritte kann mit dem Namen Guttenberg allerdings noch nichts anfangen.

Das ändert sich schlagartig nach der Opel-Nacht. 37 Prozent der Befragten geben in einer Forsa-Studie an, Guttenberg habe durch seine Ablehnung des Sanierungskonzeptes an Statur gewonnen. Nur zehn Prozent finden, sein Ansehen habe sich verschlechtert, nur noch neun Prozent kennen ihn nicht. Im Juli gehen die Werte weiter durch die Decke. Im Forsa-Vertrauensranking für den *Stern* kommt Guttenberg nach knapp fünf Monaten im Amt nun auf Platz zwei nach der Kanzlerin, weit vor anderen Unionspolitikern wie etwa Innenminister Wolfgang Schäuble, seinem Parteichef Seehofer oder FDP-Chef Westerwelle.

Das Besondere am Vertrauen in Guttenberg liegt darin, dass er die politischen Lager eint. Rund jeder zweite Wähler von SPD, Grünen oder Linkspartei sagt, er habe Vertrauen in den CSU-Minister. Ein ungewöhnlich guter Wert, gerade für einen vermeintlichen Hardliner wie Guttenberg, dessen politische Ansichten viele dieser Wähler nicht einmal teilen. »Solche Beliebtheitswerte über die politischen Lager hinweg hat es für einen deutschen Politiker seit Jahrzehnten nicht gegeben«, sagt Emnid-Chef Klaus-Peter Schöppner. So wünscht sich denn auch eine überwältigende Mehrheit von 73 Prozent aller Deutschen laut Emnid eine zweite Amtszeit für den Wirtschaftsminister.[88]

Ende Juli 2009 ist Guttenberg offiziell Deutschlands populärster Politiker. Er bekommt im ZDF-*Politbarometer* den Wert 2,1, Merkel sinkt auf 2,0. Es ist nichts Geringeres als eine Sensation. Merkel hatte seit Jahresbeginn jede Umfrage ganz selbstverständlich gewonnen. Ob in Glaubwürdigkeit, Beliebtheit oder Kompetenz – Merkel lag immer mit Abstand auf Platz eins. Nun stürzt Guttenberg sie vom Thron. Niemand im politischen Geschäft hätte das wenige Monate zuvor vorherzusehen vermocht. Kommunikations- und Strategieberater werden hoch bezahlt, um auch nur magere Erfolge in den Umfragewerten herbeizuführen. Guttenberg hat nie welche engagiert. Auch Meinungsforscher konsultiert er nicht. Er tauscht sich zwar mit seinem Sprecher, seinem Strategiechef Rudolf Gridl und seiner Büroleiterin Sabine Bastek aus, doch seine Beratbarkeit hält sich in Grenzen. Übrigens eine Eigenschaft, die Top-Politiker offensichtlich an sich haben. Jedenfalls wurde sie Kohl und wird sie Merkel auch nachgesagt. An der Spitze, heißt es, muss man sich hauptsächlich auf sich selbst verlassen.

Die Bedeutung von Umfragewerten wird von Politikern oft kleingeredet, besonders dann, wenn sie keine guten haben. Man wolle ja Wahlen gewinnen und keine Umfragen, heißt es dann. Und natürlich sind diese Untersuchungen nicht mehr als Momentaufnahmen der Stimmung in der Bevölkerung, darauf verweist Guttenberg selbst dieser Tage immer wieder. »Ich begegne der Außenansicht mit einem hohen Maß an Skepsis«, sagt er. »Popularität an sich kann und darf kein Erfolg sein. Glaubt man das, begibt man sich in die Abhängigkeit von Momentaufnahmen.«[89] Die Sympathie könne genauso schnell wieder umschlagen, sagt er. »Das wird sie dann tun, wenn ich mal eine Position vertrete, die eben nicht viele Deutsche mit mir teilen.« Doch gerade weil seine Werte nicht der Erfolg einer vorausgeplanten Kommunikationsstrategie sind, faszinieren sie die Beobachter, die sich in Erklärungen für den Aufstieg des neuen Stars üben. »Wähler lieben Wahrheit«, kommentiert die Bild am Sonntag Guttenbergs Beliebtheit und sieht sie als Hoffnungszeichen, dass die Menschen sich nicht durch vermeintlichen Populismus wie eine Unternehmensrettung kaufen lassen. Guttenberg wird zum »Liebling Krise« ernannt.[90] Egal, ob sogenannte Qualitätszeitungen, Nachrichtenmagazine, Regenbogenpresse oder Boulevard: Er passt in jedes Format, alle wollen möglichst groß über ihn berichten. »Können Sie auch übers Wasser laufen?«, fragt die *Bunte*. Aber nicht nur *Cicero* und *Bunte* titeln mit ihm, auch der *Stern* bringt sein Bild mit offenem Hemd auf Seite eins: »Der coole Baron: Warum der neue Wirtschaftsminister so populär ist«. Es sei, als ob »das frische Gesicht mit dem markanten Kinn beim Wahlvolk in eine Marktlücke gestoßen wäre«, heißt es da. Die zehnseitige (!) Strecke ist nicht weniger als die Huldigung eines Nachrichtenmagazins an einen Politiker, und das mitten im Superwahljahr. Kein anderer Politiker wäre in dieser Pose vorstellbar, kein anderer vereint für den Betrachter Beliebtheit, Kompetenz und Glamourfaktor wie er.

Guttenbergs Popstarstatus ist damit offiziell. Schon lästert die *Tageszeitung*, Guttenberg sei der neue Erich Honecker: Eine solche Fotodichte eines Politikers in einem Magazin sei schon fast wie zu »besten Honecker-Zeiten« im *Neuen Deutschland*, dem Staatsorgan der DDR. Vielerorts gibt es Spekulationen über den ersten CSU-Kanzler nach der zweiten Amtszeit von Angela Merkel. CSU-Chef Seehofer befeuert diese, indem er den Anspruch seiner Partei deutlich macht, auch mal wieder einen Kanzlerkandidaten zu stellen. Das zielt auf Guttenberg und in den Augen der Beobachter auch darauf, dessen Fallhöhe zu steigern.[91]

Die Begeisterung für Guttenberg beschränkt sich nicht auf die politische Arena. Er gewinnt jetzt auch ganz andere Umfragen. Mehr als jeder dritte Deutsche würde gern mit ihm in Urlaub fahren, jeder Fünfte würde ihm einen Gebrauchtwagen abkaufen (der Bundeskanzlerin nur 17 Prozent). Das Männer-

magazin GQ wählt ihn zum »Best Dressed Man«, vor dem Privat-
sekretär des Papstes Georg Gänswein und dem Frauenschwarm
und Schauspieler Sebastian Koch, der bestgekleidete Politiker
ist er laut *Men's Health* sowieso. Das Frauenmagazin *Laviva* ermit-
telt Guttenberg als »Sexiest Man in Politics«, mit dem sich fast
jede zweite Frau ein romantisches Date wünsche. Jede dritte
Deutsche könnte sich angeblich auch einen Seitensprung mit
ihm vorstellen. Auch im sonst eher farblosen Wettbewerb der
Volksvertreter bewahrheitet sich das alte Werbemantra: Sex
sells. »Unseren täglichen Guttenberg gebt uns heute«, macht
sich die *Süddeutsche* über die skurrilen Umfragen lustig und mut-
maßt, es sei wohl nur eine Frage der Zeit, bis herauskäme, dass
24 Prozent der Deutschen ihren Hund gern Karl-Theodor nennen würden.

Um zu erfahren, wie es sich anfühlt, in diesem Sommer das
Objekt der allgemeinen Begierde zu sein, muss man den Wirtschaftsminister nur ein wenig begleiten. An einem ganz norma-
len Wahlkampfsonntag Ende August zum Beispiel, an dem er
zunächst einmal als Papa gefragt ist. Denn der Tag im Hause
Guttenberg beginnt mit Tränen. Ein Hund hat Krümel, das
Familienkaninchen, totgebissen. Die Töchter hatten draußen
vor dem Haus mit dem Tier gespielt. Der Hund war nicht auf-
zuhalten und machte vor ihren Augen kurzen Prozess mit Krümel. Die beiden sind so untröstlich, wie nur Kinder untröstlich
sein können. Obwohl ihn 2500 Menschen erwarten und die Zeit
drängt, ist der Minister jetzt einfach Papa. Er lässt Wurstbrot
und süßen Quark stehen, um die Mädchen aufzurichten. Natürlich soll Krümel ein standesgemäßes Begräbnis erhalten, und ja,
auch ein neues Kaninchen sei denkbar. Erst als die Mädchen
derart wieder aufgebaut sind, steigt das Ehepaar Guttenberg viel
später als geplant in den schwarzen Audi. Der Minister hasst es,

zu spät zu kommen. Sein Fahrer drückt auf den hügeligen ober-fränkischen Landstraßen aufs Gas, sodass sie Igensdorf bei Erlangen durchgerüttelt, aber fast pünktlich erreichen.

Als das Ehepaar am Rathaus aus der Limousine steigt, fangen die Leute am Straßenrand spontan an zu klatschen. Zu einem Marsch der Kapelle ziehen sie in die Halle ein, an einen Biertisch gleich vor der Bühne. Alle machen Fotos, egal aus welcher Entfernung, auch wenn das Paar im Display der Kamera nur ein verschwommener kleiner Punkt ist. Während viele der Besucher in Lederhosen und Dirndl gekommen sind, trägt der Minister wie immer Anzug und Krawatte, seine Frau ein sportliches schwarzes, knielanges Sommerkleid.

Es ist das 29. Igensdorfer Marktfest, der traditionelle Frühschoppen in der Halle der Obstgenossenschaft, sagt ihr Geschäftsführer, der erste Redner, und so voll sei es noch nie gewesen. »Es war auch noch nie politisch, aber heute haben wir etwas zu feiern. Wir feiern unseren KT, seine Zielstrebigkeit und seine Geradlinigkeit.« Die Leute jubeln. Mittlerweile sind nicht nur die Tische besetzt. Auch an den Eingängen stehen die Leute gedrängt. Ein Fest für die ganze Familie: hier ein schlafendes Baby im Kinderwagen, dort ein alter Mann im Rollstuhl.

KTG, drei Initialen, wie etwa FJS, seien zwar ein gutes Omen, sagt der nächste Redner, der Bürgermeister, »doch so etwas wie unseren KT hat es noch nie gegeben«. Er bedankt sich für das, was der Minister für Franken und Deutschland leiste. Der Jubel wird schon etwas müder. Es ist warm in der Halle, es riecht nach Kaffee und Wurstfett. »Bitte kein Grußwort mehr«, sagt eine ältere Dame mit Dauerwelle und Dackel beim dritten Redner und wird erhört. Endlich läuft der Minister mit gewohnt federndem Schritt auf die Bühne und freut sich über den »fränkischen Boden« unter den Füßen nach dem »Berliner Treibsand«.

Hier könne man sich immerhin darauf verlassen, dass man ein gescheites Bier bekäme und nicht, wie in anderen Teilen des Landes, nur Wasser: »Wenn die Franken feiern, dann können sich die Oberbayern warm anziehen.« Die angesprochenen Franken jubeln.

Es folgt eine Wahlkampfrede, die ihre Brillanz daraus bezieht, keine zu sein. Die Wörter »Wahl« oder womöglich »CSU« kommen gar nicht erst vor, die ganze Stunde lang nicht. Es geht hier nicht einfach um Stimmen, so vermittelt Guttenberg, sondern um die Substanz, um die konkreten Belange eines jeden Einzelnen im Raum. Es geht um Dankbarkeit gegenüber den Älteren, die seiner Generation gezeigt hätten, was Aufbruch sei, als sie aus der bisher schlimmsten Krise ein neues Deutschland aufgebaut hätten. Es geht, so vermittelt er, um ein Bekenntnis zu Leistung, um der tiefen Wirtschaftskrise zu begegnen. Es geht darum, die deutsche Einheit als Errungenschaft zu feiern, und auch, stolz auf Deutschland zu sein. Guttenberg bekommt viel Applaus, wenn er Patriotismus anklingen lässt, was bei ihm nie plump klingt. Er fordert eine Rückbesinnung auf die eigenen christlichen Werte und die eigene Kultur, aber er fordert sie als Voraussetzung für eine Aufgeschlossenheit gegenüber anderen Kulturen.

Im Kern hat die Rede, wie die meisten, die er diesen Sommer hält, drei Thesen. Erstens: Der Staat ist nicht dafür zuständig, Unternehmen zu retten. Der Staat kann zwar helfen, aber retten müsse sich ein Betrieb »verdammt noch mal« schon noch selbst. Zweitens: Wer Hilfe will, muss ein schlüssiges Konzept vorlegen. »Aber ich habe das Gefühl, je größer ein Unternehmen ist, desto geringer die Neigung, genau das zu tun.« Dabei müsse doch jeder Handwerker, der einen Kredit über 10 000 Euro brauche, auch einen tragfähigen Plan vorlegen. Zustimmender Beifall.

Drittens: Die soziale Marktwirtschaft bleibt das Ideal für die Zeit nach der Krise. Überhaupt sei es eine Schande, dass heutzutage kaum mehr einer etwas mit dem Begriff zu verbinden wisse. Auch mit Ludwig Erhard wüssten die meisten Leute nichts mehr anzufangen, höchstens noch mit Heinz Erhardt. Lacher. »Galavorstellung auf dem Allgemeinplatz«, nennt die *Süddeutsche* seine Reden, denn es sind einfache Wahrheiten, die der Minister da ausspricht. Doch er vermittelt sie anschaulich und rhetorisch elegant. Seine steile Karriere sei kein Grund, »abzuschwirren, abzuschweben, abzuheben«. Milliarden seien »verjaucht, verjuxt, verzockt« worden,[92] sagt er, und eine Milliarde sei, in 500-Euro-Scheinen aufeinandergestapelt, immerhin 135 Meter hoch. Er wiederholt und verhaspelt sich nicht, seine Stimme bleibt klar und angenehm tief. Niemand steht auf und verlässt seinen Platz, niemand beginnt zu reden, 2500 Leute hören einfach zu.

»Jetzt muss ich über eine sehr unangenehme Sache sprechen«, sagt der Minister. Erwartungsvolle Stille. Er müsse nämlich seine Jacke ausziehen. Darum trage er auch am liebsten weiße Hemden, es könne sonst sehr unangenehm werden. Heiteres Gelächter. Dann gibt es noch etwas »Nationalarroganz« für die Oberfranken: dass er aus dieser Heimat auch die nötige Kraft schöpfe für »den Affenzirkus da oben«. Das sage er in dem Bewusstsein, jetzt selbst einer dieser Affen zu sein, fügt er hinzu, und da liegen sie ihm endgültig zu Füßen.

Das Image des Unbequemen und des Außenseiters kultiviert er in jeder Rede sorgfältig. Wie sehr er beschimpft worden sei als Insolvenzminister und als kaltherziger Baron, sagt er, aber dass er sich deshalb trotzdem nicht verbiegen lasse. Und: »Wenn ich mich weiter so benehme wie bisher, habe ich nach dem 27. September viel Zeit, darüber nachzudenken, ob das richtig war.« Was natürlich falsch ist. Jeder im Raum geht davon aus, dass Guttenberg einer schwarz-gelben Regierung angehören wird, angehören muss. Doch die Leute mögen ihn trotzdem gern als den großen Unbeugsamen sehen, der für seine Überzeugungen Kopf und Kragen riskiert. Er werde es sich nicht verbieten lassen, von Zuversicht zu sprechen, sagt er noch, als ob tatsächlich jemand etwas dagegen haben könnte. Dann wischt er sich mit der Krawatte den Schweiß von der Stirn und springt von der Bühne. Die Leute applaudieren jetzt im Stehen, irgendjemand ruft: »Zugabe!«

Was genau der noch einmal hören will, bleibt offen. Guttenberg ist in seiner Rede nicht konkret geworden. Er hat kein Programm vorgegeben, keinen Aktionsplan für die neue Regierung, keine klaren Positionen. Zur Familienpolitik klingt das so: Seine Partei habe viel lernen müssen, was die Familienpolitik angehe, aber man könne deshalb nicht den Elternteil, der zu Hause Werte vermittelt, in die Ecke drängen. Diese Aussage kann in der politischen Umsetzung so ziemlich alles heißen. Von jedem anderen Politiker klänge es nach Plattitude, bei Guttenberg sorgt es für Begeisterung. Um den politischen Inhalt geht es hier nicht. Hier geht es darum, dass Guttenberg in den Menschen Hoffnungen weckt. Nicht durch das, was er sagt, sondern durch das, was er darstellt. Er sagt Dinge, denen jeder zustimmen kann, er redet kein technisches Politikerkauderwelsch, und er verspricht nichts.

Was ihr so an der Rede gefallen habe? Die junge Mutter verdreht die Augen, als wüsste sie gar nicht, wo sie anfangen soll. So ehrlich und direkt sei er, sagt sie, eben »einer von uns, nicht so von oben herab«. Eine Stunde ist sie heute Morgen für den Minister hierher gefahren. Ob sie es nicht komisch finde, dass er die CSU gar nicht erwähne? Die Frau schüttelt den Kopf. Nein, das finde sie gerade gut. Da pflichtet ihr die Dame mit dem Dackel bei. Ganz toll sei der Karl-Theodor, über alles, einfach alles, habe er gesprochen. Sie wendet sich ihrem Dackel zu. »Bloß über die Hundesteuer nicht, gell?«, sagt sie und klingt fast so, als habe sie deshalb dem Hund gegenüber ein schlechtes Gewissen. »Und dass er auch noch Oberfranke ist«, schwärmt die Mutter weiter. Ob es sie dann nicht störe, dass er mit seinem gestochenen Hochdeutsch gar nicht so klinge? Nein, erwidert sie entschieden, das finde sie gerade schön. Wie der spricht, und die schöne Stimme! »Der ist eben wie der Obama. Der ist auch so natürlich.«

Den Vergleich zu Obama hört man oft in der Guttenberg'schen Fangemeinde und in den Medien. Beide wirkten im Vergleich zu ihrem politischen Umfeld jung, frisch und unverdorben, heißt es. Obwohl der Vergleich zu hoch greife, schreibt das *Handelsblatt*, sei eine Parallele zwischen den beiden die »Euphorie für etwas Neues«. Tatsächlich erreicht Guttenberg in dieser frühen Phase seiner Spitzenkarriere einen Status, in dem er auch das Telefonbuch vorlesen könnte, die Leute wären dennoch begeistert. Die politische Erfahrung lehrt, dass dieser Effekt sich abschwächt, wenn man eben nicht mehr ganz so neu auf der großen Bühne ist. Euphorischer als in diesem Sommer können die Reaktionen auf ihn jedenfalls wohl kaum mehr werden.

Es ginge die Sage, Guttenberg werde bei seinen Wahlkampfauftritten wie ein Popstar gefeiert, schreibt Patrick Bahners in der *FAZ*: »Unter den vielen Legenden, die sich um den jungen Minister aus dem alten Geschlecht ranken, ist diese Geschichte eine der wahren.« Während andere Spitzenpolitiker froh sein dürfen, in einer Fußgängerzone 50 Leute um sich zu scharen, macht Guttenberg jede Halle, jedes Festzelt, jeden Biergarten voll. Proppenvoll. Und das nicht nur in Bayern, sondern bundesweit. Oft müssen wegen des großen Andrangs die Lokale geändert, vergrößert oder mit Video-Liveübertragung ausgestattet werden. Guttenberg sei der Einzige, der die Bürger in einem ansonsten lustlosen Wahlkampf packe, schreibt der *Spiegel*. »Woodstock für Schwarze«, schreibt die *Financial Times Deutschland* über einen seiner Auftritte. Die Leute, die zu seinen Veranstaltungen kämen, lägen ihm »regelrecht zu Füßen«, schreibt die *Süddeutsche*.

Guttenberg wollen die Leute erleben, und das auch fern der offiziellen Veranstaltungen, etwa auf einer Autobahnraststätte. Am Sonntagabend hat Guttenberg noch einen Liveauftritt bei einer Wahlsendung mit Sabine Christiansen, Stefan Aust und Oskar Lafontaine. Auf der Fahrt von Guttenberg nach Berlin liest der Minister Akten, Zeitungen. Diese Sendung ist zwar nur einer von 15 großen TV-Auftritten diesen Sommer, doch er bereitet sich auf jeden gründlich vor. Auf halber Strecke dann das Bedürfnis nach Koffein. Im »McDonald's« der Raststätte Köckern gleich hinter Leipzig sitzen Leute beim Abendessen, denen man den Urlaub ansieht. Am Eingang eine Familie, daneben eine Gruppe Freunde. Jungs in kurzen Hosen und T-Shirts, Mädchen in knappen, bunten Tank Tops. Guttenberg hat nicht zu Abend gegessen, doch die Personenschützer vom BKA wissen, dass sie nicht darauf hoffen können, dass er es jetzt tut. Manche von ihnen reißen sich deshalb nicht gerade um den Einsatz beim Wirtschaftsminister. Er bedeutet für die Beamten diesen Sommer 18- bis 20-Stunden-Tage, oft ohne Pause, und eine unglaubliche Fahrerei. Zwischen Juli und September legen sie mit dem Minister fast 35 000 Kilometer auf Deutschlands Straßen zurück, dazu kommen 50 Flüge und etliche Bahnfahrten. Dienst bei anderen Ministern ist im Vergleich die reinste Wellness-Kur, erzählt ein Sicherheitsbeamter. Die halten zwischendurch mal an und essen was. KTG nicht.

Im »McDonald's« eilt der Minister im dunkelgrauen Anzug in langen Schritten Richtung Waschräume. Er hat sie perfekt drauf, die Bitte-sprecht-mich-nicht-an-Haltung, niemanden anschauen, bloß kein Blickkontakt. Doch am Sanifair-Drehkreuz muss sich auch der Minister einen Bon für 50 Cent ziehen. Die Verzögerung wird ihm zum Verhängnis. Er finde ihn richtig gut, sagt ein freundlicher alter Herr, der alle Zeit der Welt zu haben scheint. Er sei so ganz anders als die anderen. Guttenberg bedankt sich höflich und schiebt sich an ihm vorbei. Doch selbst drinnen gibt es keinen Moment der Ruhe. Ein Moment der Unachtsamkeit, Guttenbergs Augen treffen im Spiegel die eines jungen Mannes. Er mache seine Arbeit wirklich gut, sagt der. Eigentlich erfreulich, wenn es nicht einer der wenigen Momente des Tages wäre, wo man nun wirklich ganz ungestört sein will.

Als der Minister sich in die Schlange zur Kaffeebar stellt, holen die ersten Gäste ihre Handys heraus und machen Fotos. Ein Teenager bittet um ein gemeinsames Bild. »Aber klar.« Dann drei Asiaten um die zwanzig, der junge Mann vom Klo, Typ Student, die Gruppe Freunde vom Eingangstisch. Viermal posieren in nur vier Minuten. Dann kommt endlich der bestellte Kaffee ohne Zucker, Größe »Tall«, und das stille Wasser. Auf dem Weg hinaus noch ein Bild. Selbst die BKA-Beamtin muss über den Andrang schmunzeln. Guttenberg lächelt jedes Mal in die Kamera, immer freundlich, vielleicht sogar ein bisschen resigniert. Weil er weiß, dass es die Normalität, die er sich in solchen Momenten wünscht, in seinem Leben nicht mehr gibt. »Das gehört jetzt eben dazu«, sagt er. »Man ist es den Leuten schuldig, ihnen zuzuhören, und freut sich ja auch über die positiven Reaktionen.« In manchen Situationen mehr als in anderen, muss er zugeben.

Die bevorstehende Sendung trägt den Titel »Wahlkampf-
arena«, und Guttenberg weiß nicht, was ihn erwartet, es ist die
erste Ausstrahlung des Formats. Die Inspiration dafür habe sie
sich bei französischen Sendungen geholt, erklärt Frau Christiansen dem Minister, als sie ihn in der Maske begrüßt. Im Nach-
hinein betrachtet, kann man das nur als Vorwarnung verstehen,
da sich der Ablauf mit permanent zwischengeblendeten Zu-
schauermeldungen per SMS, Videobotschaft oder Twitter als
reichlich wirr herausstellt. Inhaltlich ginge es also hauptsächlich
darum, eine Stunde Guttenberg zu ärgern?, fragt der Minister.
Frau Christiansen lacht. »Alles wie besprochen, auch von den
Themen her.« Gut, sagt der Minister, solange er jetzt nicht knietief in die Familienpolitik einsteigen müsse, sei er zufrieden.
Auch Herr Aust schneit herein, um »nur mal eben Guten Tag«
zu sagen, Guttenberg putzt noch seine »bemerkenswert dre-
ckige« Brille, er ist angespannt, dann geht es Richtung Studio.
Auf dem Flur kommt der eben erst eingetroffene Linke-Chef
Oskar Lafontaine angelaufen, der gegen Guttenberg debattieren
soll: »Weiß jemand von euch, wo 'ne Toilette ist?«

Zum richtigen Schlagabtausch zwischen den beiden kommt es
aber gar nicht. Zunächst verfolgt Lafontaine die Übertragung
hinter der Bühne. Als in einem kurzen Film, der Guttenbergs
Positionen darlegen soll, darüber polemisiert wird, ob entlassene
Arbeiter insolventer Unternehmen vielleicht irgendwann wieder
eine Beschäftigung finden könnten, und dies mit »Halleluja!«-
Chorälen musikalisch untermalt wird, lacht Lafontaine nervös
laut auf.

Schon seit dem Linke-Parteitag, als Lafontaine nicht wie gewohnt frei sprach, sondern stark schwitzend vom Manuskript
ablas, wird in Berlin gemunkelt, dass er gesundheitlich angeschlagen sei. Im Herbst wird sich herausstellen, dass er Krebs hat. Er

wirkt im Fernsehen zwar fitter und jünger, doch er läuft nicht zu seiner berüchtigten Hochform auf. Statt scharfer Attacken begnügt er sich damit, die soziale Marktwirtschaft erklären zu wollen. Guttenberg bleibt unbedrängt und bringt seine Thesen gut unter, die Moderatoren behandeln ihn fast ehrfürchtig, schneiden sich gegenseitig im Gespräch mit ihm das Wort ab und geben ihm Steilvorlagen, um sich beispielsweise über Bonuszahlungen für Banker zu empören. Aust hat bemerkt, dass er in einem Boulevardformat gelandet ist, und verwickelt sich, um Tiefgang bemüht, in Detailfragen.

Nach der Sendung, gegen Mitternacht, gibt es für alle Beteiligten Bier. Lafontaine und Guttenberg stoßen im ersten Stock der Studios miteinander an. Sie sind entspannt, plaudern ein bisschen, es wird gelacht. Keiner von beiden kam hier wirklich in de Bredouille. Guttenbergs momentanen Schwachpunkt, die sogenannte Linklaters-Affäre, haben weder Lafontaine noch die Moderatoren auch nur angesprochen. Eine volle Stunde lang nicht. Dabei ist Linklaters Guttenbergs erster richtiger kleiner Skandal, weswegen er drei Tage später im Haushaltsausschuss aussagen muss.

Doch zuvor absolviert er noch zwei Wahlkampftage: 600 Menschen werden ihn in Krefeld sehen, 2000 in Hamm, 3000 in Münster, und das ist erst der Montag. Zusätzlich zu den 105 Wahlveranstaltungen zwischen Juli und September hat sich der Minister das Ziel gesetzt, im Schnitt täglich mindestens ein mittelständisches Unternehmen zu besuchen, meist sind es mehr. Am Dienstag sind es gleich drei in Thüringen und Sachsen, dazu eine Wahlveranstaltung im sächsischen Leisnig mit 300 Leuten, der Besuch eines Unternehmens in Chemnitz. Es ist ein irrwitziges Tempo.

Im Kalender kommen noch bis zu zehn kleinere Interviews hinzu, die Guttenberg jeden Tag gibt, und drei bis vier größere pro Woche für Printmedien. Meist gibt er sie unterwegs, auf der Fahrt von einer Veranstaltung zur nächsten. Die Fahrtbegleitungen sind unter den Journalisten heiß begehrt und werden vom Büro des Ministers aufgeteilt. Manchmal begleiten ihn ganze Fernsehteams im Auto, diese Woche ist es eines vom Sender Arte. Nur auf Strecken über 100 Kilometer möchte der Minister allein sein, will heißen, allein mit einem seiner Referenten, um angefallene Arbeit zu besprechen und zu delegieren. Für die großen Interviews bereitet Guttenberg sich auch dadurch vor, dass er sich mit Moritz bespricht: Welche Nachrichten gilt es vor allem zu transportieren, welche zu vermeiden? Danach geht es in der schriftlichen Autorisierung noch einmal an das »Fine Tuning«. Das Interview wird von mehreren Mitarbeitern gelesen, Sätze werden gegebenenfalls gestrafft, um exakt den gewünschten Ton zu treffen.

Interviews mit Guttenberg sind vergleichsweise pflegeleicht. Einige seiner Kollegen geben, unterbrochen durch Hinweise ihrer Kommunikationsberater, einen schwer zu definierenden und oft unzusammenhängenden Wortbrei ins Tonband, der dann vom Journalisten in mühevoller Kleinarbeit zu zusammenhängenden Sätzen ummodelliert werden muss. Das kostet Zeit, Nerven und bedeutet viel Gezerre bei der Autorisierung. Guttenberg spricht hingegen, wie Seehofer auch, fast druckreif, was die Nachbereitung vereinfacht. Während des Wahlkampfs macht Guttenberg diese, wie auch einen Großteil der Regierungsarbeit, von unterwegs aus. Mit dabei sind deshalb immer zwei bis vier große schwarze Aktenkoffer mit Briefings und Entscheidungsvorlagen für das Studium zwischendurch. Mindestens einen Koffer trägt der Minister stets selbst.

So auch Montag früh auf dem Linienflug von Berlin nach Düsseldorf. Vor Abflug gab er bereits ein einstündiges Interview in der VIP-Lounge. Bei Cola light und schwarzem Tee schaut er an Bord in die Zeitungen, isst ein bisschen Obst vom Frühstück, danach ein paar »saure Stangen« von Haribo. Von Düsseldorf geht es im Eiltempo zum CDU-Bundestagsabgeordneten Willy Wimmer nach Krefeld, 90 volle Minuten dauert der Auftritt, von dort weiter nach Hamm.

Hier lächelt Guttenberg von 250 CDU-Plakaten, also ungefähr alle 50 Meter. Die CDU wirbt im ganzen Land unter eigenem Namen mit Guttenberg. Fast die Hälfte seiner Wahlkampftermine sind für die Schwesterpartei. Wann man überhaupt je freiwillig mit einem CSU-Minister geworben habe, daran kann sich in der CDU keiner erinnern. Für Strauß und Stoiber warb man, als sie Kanzlerkandidaten waren. Dass Guttenberg offiziell gar keine Funktion im Wahlkampf hat, dass er lediglich der »Übergangsminister« ist, das spielt keine Rolle. Manchmal, sagt Guttenberg, müsse er jedoch in seiner Rede darauf hinweisen, dass er von der Schwesterpartei komme.

Ob er zufällig eine Ahnung habe, wie oft er in Deutschland plakatiert werde? Nee, sagt Guttenberg und schaut aus dem Fenster, während ihm sein Gesicht im Sekundentakt entgegenkommt, da gebe es keine Zahlen. Auch in der CSU-Geschäftsstelle nicht. Wenn man dort nachfragt, wie viele Plakate die Ortsverbände jeweils mit Seehofer-, Ramsauer- und Guttenberg-Konterfei bestellt haben, bekommt man keine Antwort. Das könne man gar nicht so genau sagen. Nicht alle Anfragen der Ortsverbände würden über die Parteizentrale laufen, die produzierten auch autark.

Aber die Großplakate werden doch in derselben Druckerei gefertigt. Die müsste doch Zahlen haben, allein für die Abrechnung? Nein, hätten sie nicht. An anderer Stelle nachgefragt, wird erst einmal sichergestellt, dass niemand mithört. Die Druckerei dürfe die Zahlen nicht herausgeben. Denn wie hoch die Anfragen für Guttenberg-Poster im Vergleich sind, das sei mittlerweile ein Politikum. Man wolle nicht schwarz auf weiß haben, wie groß die Popularität Guttenbergs im Vergleich zu den anderen CSU-Granden sei. In den Medien wird jedoch oft berichtet, dass sich die Anfragen nach Guttenberg-Plakaten in der Parteizentrale stapeln.

Das macht ihn in der Partei nicht unbedingt beliebter. Manche dort hören es nicht gern, dass die Presse Guttenberg den »geliebten Spitzenkandidaten der CSU« und ihren »Vormann« nennt.[93] Es heißt, es werde in der Partei viel über Guttenberg gelästert, über seine »schwurbelige« Sprache, mit der er auch noch den banalsten Satz tief greifend wirken lasse, oder über sein »Dein Dir ergebener«, mit dem er seine Briefe abschließt.[94] Parteichef Seehofer soll sich in einer Vorstandssitzung Ende Juli darüber ausgelassen haben, dass dieser ganze Hype doch nur Schall und Rauch sei, weil es doch im Endeffekt auf die Ergebnisse für die Partei ankäme. »Wenn es jetzt noch gelingt, die guten Werte noch mehr auf die CSU zu übertragen, dann ist alles prima«, soll Seehofer über Guttenbergs Popularität gesagt haben.[95] Denn in der CSU zweifelt man daran, dass das möglich ist. Guttenberg könnte als Einzelkämpfer wahrgenommen werden oder, noch schlimmer, mit seinem ordnungspolitischen Brimborium die FDP stärken.

Die Theorien darüber, wie und wo sich die Begeisterung für den Minister in Stimmen niederschlägt, gehen auseinander. Es deutet auch einiges darauf hin, dass Guttenberg Wähler der FDP zur CSU bringt. Der *Stern* verweist darauf, dass die Liberalen in den Umfragen um fünf Prozent nachgelassen hätten, seitdem Guttenberg Wirtschaftsminister geworden ist, und nennt ihn deshalb den »Gelbenfresser«. Aber es geht den Neidern nicht nur um das Wahlergebnis, sondern natürlich auch um die Positionierung in der Partei und die eigene Karriere, die nun durch die Guttenbergs entschleunigt wird. Ob es Seehofer etwas ausmacht, dass er beim Wahlkampfauftakt der Union höflich beklatscht, Guttenberg aber bejubelt wird, weiß man nicht. Als sicher gilt jedoch, dass das Söder nicht gefallen kann. Guttenberg weiß um die »exponentiell ansteigende Unruhe« im eigenen Lager und begegnet ihr, indem er ihr nicht begegnet. Das heißt, er lässt sich nicht provozieren. Auf einer Autofahrt erreichen ihn gleich zwei SMS, die ihn warnen, Söder lasse prüfen, ob Guttenberg mit dem Dienstwagen auch Privatfahrten unternehme.[96] Guttenberg leitet die Nachricht gleich weiter an Söder und fügt hinzu, er glaube kein Wort.

Der Auftritt des Ministers in Hamm soll um 14.30 Uhr beginnen. Schon um 13 Uhr sind die meisten Plätze vor der muschelartigen Bühne im Kurpark besetzt, trotz 30 Grad Hitze. Der örtliche CDU-Vorsitzende kann sich nicht daran erinnern, wann man hier das letzte Mal die Unterstützung eines CSU-Ministers gesucht hätte. Aber jetzt sei das doch ganz selbstverständlich: »Er ist unser größter Magnet. Mehr geht nicht.« Der Magnet läuft pünktlich um halb drei mit dem CDU-Abgeordneten Laurenz Meyer durch die Menge zur Bühne, musikalisch begleitet von einer bombastischen Hymne, die das Ganze wie den Einzug eines Boxchampions in den Ring wirken lässt. Die Leute springen von ihren Stühlen auf und klatschen. »Der sieht ja toll aus!«, ruft eine Frau mittleren Alters entzückt. Sie hat sich fein gemacht, trägt einen gelben Rock und ein gebügeltes T-Shirt, die blonden Haare zu einem Zopf gebunden. Der Oberbürgermeister verkündet stolz, dass über zweieinhalbtausend Leute gekommen seien. »Aber nicht wegen dir!«, ruft die Frau. Meyer spricht zehn Minuten, bekommt höflichen Applaus, dann folgt Guttenberg.

Er möchte sie mit einem herzlichen »Grüß Gott!« begrüßen, sagt er, schließlich komme er von der »liebevollen Schwesterpartei«. Außerdem gebe es hier vorn im Schatten noch freie Stühle. »Das ist aber nett«, sagt die Frau.

Auch hier herrscht Stille, während er spricht. Selbst wenn er den in der Krise wichtigen Optimismus fordert, schläft niemand ein. Im Gegenteil. »Genau!«, ruft die Frau. Dass er sich seine Unbequemlichkeit und Unabhängigkeit bewahren werde. »Richtig!«, schreit die Frau. Dass es eben gelte, ein breites ... – »Spektrum!«, will die Frau ihm aushelfen – »Sammelsurium an Werten zu vermitteln«, sagt Guttenberg. Er nennt Altkanzler Schröder den »Diplomaten aus Moskau, das bisschen Wahlkampf sei mir heute gestattet«. Und wieder die Dankbarkeit, die die Kriegsgeneration verdient hätte. »Ist das gut!«, ruft die Frau.

Als Guttenberg nach 50 Minuten bemerkt, er nehme es keinem übel, dass man ihn habe verdursten lassen, ist das Publikum entzückt. Die Bemerkung mit den Getränken kommt überall gut an. Außer bei der Zopffrau. »Das ist aber auch 'ne Sauerei!«, sagt sie, als nehme sie das dem Oberbürgermeister persönlich übel. Nach dem Schlusswort springt sie auf, um den Wirtschaftsminister zu fotografieren. Der ist bereits von einer Traube Menschen umlagert. Er gibt Hunderte Autogramme – auf alles: Fotos, T-Shirts, Caps, Poster. Sein Referent verteilt noch einmal zwei Stapel Karten, das sind fünfhundert Stück.

Sie wähle eigentlich gar nicht CDU, sagt die Zopffrau. »Aber er hat ja auch nicht viel Wahlkampf gemacht.« Was ihr gefallen habe? »Och, alles, was er gesagt hat.« Genau das ist es, was Kritiker an der Guttenberg-Euphorie bemerken: Sie hat mit konkretem politischem Inhalt wenig bis nichts zu tun. Guttenberg stelle sich als Erneuerer von außen dar, obwohl er gar nicht von außen komme. Er werde nicht konkret. Die Leute seien von ihm begeistert, ohne überhaupt zu wissen, wofür er stünde. Er verbreite nur »starke Phrasen«, die bei jedem anderen Minister nach Platittuden klängen.[97]

Doch genau das ist ein Teil des Phänomens Guttenberg in diesem Sommer. Die Menschen mögen seine Gesamterscheinung. Er ist auch deshalb ein Hoffnungsträger, weil Hoffnungen auf ihn projiziert werden. Guttenberg war zunächst skeptisch gegenüber dieser Rolle, wartete auf ein Ende der steil nach oben gehenden Erfolgskurve. Dann aber hat er diese Rolle für sich genutzt und verstärkt sie, indem er den Polit-Außenseiter gibt. Den Berliner Betrieb als »Affenzirkus« zu bezeichnen ist genau das, auch wenn er sich selbst als einen der Affen bezeichnet. Würde er in seiner Rede den Bundestag als »Schwatzbude« bezeichnen, würden die Leute vermutlich auch jubeln.

Nur eine politische Position Guttenbergs können die Leute benennen. »Das, was der zu Opel gesagt hat, das gefällt mir«, sagt ein Rentner im offenen Hawaii-Hemd mit grünen Palmenblättern und beigefarbenen Strümpfen in braunen Sandalen. »Der ist der Einzige, der da was Vernünftiges gesagt hat.« Dass er seine Meinung gesagt hat, den Mut hatte, sich gegen die Mehrheit zu stellen, das hat die Menschen nachhaltig beeindruckt. Der Sachverhalt ist für jedermann verständlich: Opel helfen, ja oder nein. Man muss nicht viel wissen, um dazu eine Meinung haben zu können.

Guttenberg selbst gibt keine präzise Antwort darauf, was er wirtschaftspolitisch eigentlich will. Er stehe für so viel Markt wie möglich und so viel Staat wie nötig, heißt es dann. Er nennt sich einen »modernen Konservativen«, auch wenn manche ihn deshalb reaktionär schimpften. »Modern« soll heißen, dass es ihm nicht um »Beharrungskräfte geht, sondern darum, Werte auch zeitgemäß zu leben«. Präziser wird es nicht. Als »neoliberal«

möchte er sich nicht bezeichnen lassen, weil er den Begriff negativ besetzt findet.[98] Ob er marktradikal ist oder eher pragmatisch, bleibt offen. Er hat jedoch einen Gesetzentwurf vorgestellt, nach dem systemrelevante Banken nicht mehr durch Verstaatlichung gerettet werden sollen, sondern durch vorübergehende Verwaltung der Finanzaufsicht BaFin. Die Eigentümer würden damit vorübergehend »suspendiert« statt enteignet. Enteignung mögen die Unionswähler nicht.

Von einem konkreteren Einblick, was ein Wirtschaftsministerium unter ihm planen könnte, hat Guttenberg sich klar distanziert. In einem »industriepolitischen Gesamtkonzept«, das in seinem Haus entworfen und dann in die Presse gestreut worden war, war auf 61 Seiten von »Senkung von Lohnnebenkosten« und »Flexibilisierung des Arbeitsmarktes« die Rede. Es ging um Maßnahmen wie Steuererleichterungen für Unternehmen, Lockerung ihrer Umweltauflagen und keine weiteren Mindestlöhne. Alles Dinge, die ziemlich unpopulär sind. Der Minister ließ gleich wissen, dass es sich lediglich um eine »Stoffsammlung« handele, die »komplett verworfen« worden sei. Es habe sich dabei um Vorschläge seiner Beamten gehandelt, die er gesehen und abgelehnt habe. Wie das Papier an die Presse geriet, ist bis heute unklar. Möglich ist, dass Beamte es so gut fanden und frustriert über die ministerielle Ablehnung waren, dass sie es durchstachen – oder dies geschah mit dem Vorsatz, dem Minister zu schaden.

Denn dem politischen Gegner spielte das Konzept natürlich in die Hände. »Was Herr zu Guttenberg anstrebt, lässt mich grausen«, sagte Kanzlerkandidat Steinmeier. Guttenberg habe sein »neoliberales Gesicht« gezeigt, befand Umweltminister Sigmar Gabriel, und habe laut Arbeitsminister Olaf Scholz »die Katze aus dem Sack gelassen«. Endlich, so scheint es, können die Sozialdemokraten das Bild, das sie von Guttenbergs sozialer Kälte vermitteln wollen, untermauern. Steinmeier lässt keine Gelegenheit aus, bei seinen Wahlkampfauftritten daraus zu zitieren. Auch die Arbeitnehmervertreter sind alarmiert und warnen vor einer »Rückkehr zu überholten neoliberalen Rezepten«.[99]

Die Bundeskanzlerin sieht sich gezwungen, sich von dem Konzept aus dem Wirtschaftsministerium in aller Deutlichkeit zu distanzieren. Man habe ohnehin keinen Bedarf für ein Konzept des Wirtschaftsministers, lässt sie wissen, denn die industriepolitischen Vorhaben der CDU stünden im Wahlprogramm. Guttenberg selbst betont bei Wahlkampfauftritten immer wieder, das Papier sei völlig irrelevant: »Ein Konzept, das jemand in meinem Ministerium aufgeschrieben haben könnte.«[100]

Doch bei den Menschen hat das Papier sowieso nicht verfangen. Wenn man die Zuschauer hier in Hamm darauf anspricht, winken die Leute nur ab. »Die versuchen, dem jetzt da was anzuhängen«, sagt einer. Es ist das beste Beispiel dafür, dass Guttenberg im Moment unverwundbar ist. Kritik an ihm empfinden die Leute als Krawall. Sie haben sich entschlossen, Guttenberg zu mögen, auf menschlicher Ebene. Der Minister ermöglicht das auch durch private Einblicke in sein Leben. Mal ist es ein privates Interview, mal sind es Fotos, die ihn auf einem AC/DC-Konzert, beim Bergsteigen oder beim Basketballspielen zeigen.

Er baut kein künstliches Image auf, denn die Bilder sind nicht für die Kamera gestellt, sondern tatsächliche Schnappschüsse aus seinem Leben. Sie vermitteln den Menschen gekonnt Nähe. Vor Guttenbergs glänzendem, intaktem Hintergrund ergibt das eine Art Gesamtkunstwerk, das einen Teil seines Popstarstatus ausmacht.

Wie sehr sie sich ihm verbunden fühlen, zeigt sich auch auf dieser Veranstaltung. Eine junge Frau hat jegliche Distanz verloren, duzt den Minister, erzählt von Schicksalsschlägen in ihrem Leben, weicht nicht von seiner Seite, bis er, umringt von einer applaudierenden Traube, in seinen Audi steigt. »Bleiben Sie bloß, wie Sie sind!«, ruft eine Oma. Eine Mutter streckt ihm ihr Baby entgegen. Es wäre in dem Moment nicht weiter erstaunlich, wenn sie ihn bitten würde, es zu segnen.

Es ist eine geradezu archaische Szene. Für einen Moment ist der Politiker in der Wahrnehmung vom Hoffnungsträger zum Heilsbringer geworden. Dem Heilsbringer streckt man Kinder entgegen – oder Kranke, als ob er sie heilen könnte. Das haben die Menschen mit den von ihnen selbst stilisierten Personen nicht erst seit dem Mittelalter getan. Die Stilisierung hat dabei fast religiösen Charakter.

Guttenberg hat jetzt schon zweimal eine Stunde gesprochen, er hat Hunderte von Händen geschüttelt, doch von Müdigkeit keine Spur. Auch seiner Stimme merkt man nichts an. Er wird fast nie heiser. Sein Vater hat ihm schon als Kind beigebracht, wie er richtig atmet, um seine Stimme effizient zu nutzen, ohne die Stimmbänder unter Druck zu setzen. Die Auftritte machen ihm Spaß, er wird mit jedem fitter. Beim ersten, sagt er, müsse er erst warm werden: »Ich will die Nähe zu den Menschen.« Die Energie, die er von ihnen bezieht, strahlt er aus.

High auf Adrenalin, geht es ohne Pause und Mittagessen weiter zum CDU-Abgeordneten Ruprecht Polenz in Münster, vorbei an SPD-Plakaten, deren Slogan »Wenn nicht jetzt, wann Hamm?« man für die Wahlniederlage der Partei zumindest eine Teilschuld geben darf. Im Auto wechselt der Minister schnell das Hemd. Zwei bis drei weiße Hemden braucht er pro Tag, nach einem Termin sind sie klatschnass. Einmal, an einem richtig schwülen Abend in Bayern, war auch die Anzugjacke nach der Rede durchgeschwitzt, und Guttenberg hatte noch einen

Pressetermin. Als eine Frau aus dem Ort das zufällig mitbekam, nahm sie die Jacke kurzerhand mit nach Hause und brachte sie nach zwanzig Minuten trocken und frisch gebügelt zurück.

In Münster erwarten den Minister 3000 Menschen. Sie stehen und sitzen auf den Terrassen, die hinunter zum Aasee inmitten der Stadt führen, in der Sonne. Manche haben sich vom Kiosk ein Bier geholt, die Kinder schlecken Eis. Obwohl es 17 Uhr ist, ist es noch immer knallheiß. Die Bühne ist auf einem breiten Steg im See aufgebaut. Das Set-up wirkt ein bisschen wie ein Amphitheater. Es gefällt dem Minister. Dies sei ja wohl der mit Abstand spektakulärste Ort, an dem er bisher habe reden dürfen, sagt er. Nun wolle er »sein Herz sprechen lassen«. »Jetzt schleimt er aber ganz schön«, sagt ein Mann mit bunten Kurzhosen und Baseballkappe.

Der Minister redet viel über sein Herz. Man müsse »dem Maßstab des Herzens« folgen, sagt er bisweilen, mit dem Herzen reden und »aus seinem Herzen keine Mördergrube machen«. Seine Partei mahnt er öfter, die »Herzen der Menschen zu erobern«. Vielleicht kommt die Betonung auf Herz daher, dass Gegner ihm oft Kaltherzigkeit vorwerfen.

Aber kaltherzig sei doch nicht, wer eine Insolvenz und die damit auch verbundenen Chancen für ein Unternehmen fordere, sagt Guttenberg. Kaltherzig sei doch, wer den Arbeitnehmern etwas vormache, in ihnen Hoffnungen wecke, um sie dann in den Abgrund zu stürzen. »Der will doch damit auch bloß Stimmen fangen«, sagt der mit der Baseballkappe. Die Menge hier ist weniger euphorisch als in Hamm. Ungefähr zwanzig Greenpeace-Aktivisten schwenken Fahnen gegen die schwarz-gelbe Atompolitik, pfeifen hin und wieder dazwischen. Ein paar Leute von der Piratenpartei demonstrieren gegen Internetsperren. Einer von ihnen lässt sich nach der Rede vom Minister ein Autogramm auf sein Plakat geben. Bevor er weiterfährt, zurück zum Flughafen, spricht eine Frau seinen Referenten an. Ob sie den Minister nicht einmal anfassen dürfe, nur ganz kurz? Der Referent nimmt ihre Hand und legt sie seinem Chef auf den Arm.

Guttenberg wird dieser Tage ständig gefragt, ob ihm sein Popstarstatus nicht manchmal unheimlich wird. »Ja«, sagt er, »genau deswegen muss man dem Ganzen auch mit einer großen inneren Distanz, mit Wachsamkeit und Skepsis begegnen.«[101] Die Reaktionen der Menschen überraschten ihn selbst. Angst, dass der Hype ihn süchtig mache, habe er nicht. »Ich kann Abstand halten. Ich brauche das nicht als alleinigen Lebensinhalt.«[102] Das klingt einfacher gesagt, als getan. Was könnte diese immense öffentliche Bestätigung schon ersetzen, den ganzen Tross von Journalisten und Kameras, die auf ihn zugesprintet kommen, sobald er die Autotür aufmacht? Das ständige Gefragtsein und die sichere Gewissheit, mit seinem Wort jederzeit den öffentlichen Diskurs durchdringen und sogar dominieren zu können?

Von Düsseldorf fliegt der Minister mit der Lufthansa nach Nürnberg, übernachtet in Guttenberg, um am Dienstag früh um neun Uhr in Gera zu sein. Dort möchte er den »lieben Dieter«, Ministerpräsident Althaus, in dessen Kampagne für seine Wiederwahl unterstützen. Althaus ist heiser, Guttenberg beglückwünscht ihn vom Podium zu seiner »sexy Stimme«. Dann isst er noch eine Thüringer Bratwurst – weil, so sagen die Leute aus Gera, sie schon in Leipzig nicht mehr richtig schmeckt –, bevor er zu zwei Unternehmensbesuchen in Sachsen aufbricht. Im Auto gibt es als Nachtisch »saure Stangen« und Traubenzucker. Der Minister greift zu seinem Telefon. »Mal gucken, ob es irgendwo brennt.«

Weil der Fahrer in der Baustelle verlangsamt, überholt ein Wagen links. Dessen Beifahrerin fotografiert in das Ministerauto

hinein. Jemand aus dem nachfolgenden Auto auch. Im Minister-
wagen verliert darüber keiner ein Wort, man kennt es nicht
mehr anders. Guttenberg leitet ein paar Nachrichten weiter,
tippt in sein Telefon, der Referent vorn neben dem Fahrer bekommt kurze Anweisungen. Die Vorbereitungsakte sei nicht
gut gemacht gewesen, sagt er nach vorn, bitte weitergeben. Erst
auf Seite fünf habe gestanden, worum es eigentlich ging. Er
klemmt die Papiere in die Sitztasche. Das Telefon summt permanent.

Beim Anlagenbauer, der als Nächstes auf dem Terminplan
steht, machen die Arbeiter seit einem Monat Kurzarbeit. Als
Autozulieferer ist man hier direkt von der Krise auf dem Auto-
markt betroffen. Ein 48-jähriger Maschinenbauer klagt gegenüber einer Journalistin über die mehreren Hundert Euro, die nun
im Monat fehlten. Er war schon dreimal arbeitslos, er möchte es
nicht wieder werden. Mies sei die Stimmung im Betrieb, sagt er.
Und dennoch habe Guttenberg recht, wenn er sage, dass der
Staat ein Unternehmen wie Opel nicht retten solle. »Wenn ich
arbeitslos geworden bin, da hat der Betrieb einfach geschlossen,
da hat keiner nachgefragt oder uns geholfen.« Aber hat er nicht
Angst um seinen eigenen Job, wenn die Autobranche den Bach
runtergeht? Doch, sagt der Sachse, aber dennoch, die Unternehmen müssten selbst klarkommen: »Weil wenn das Kind zu tief
in den Brunnen gefallen ist, dann ist es eben hin, da hilft nix.«
Bei Guttenberg habe er Hoffnung, sagt er. »Der lässt sich von der
Politik nicht zerknittern.«

Der Minister sagt in seinen Reden meist ungefähr das Gleiche,
aber das Gleiche kommt nicht überall gleich gut an. In Bayern
werden Schlagworte wie »Zuversicht« und »Optimismus« beklatscht. Hier in Sachsen schaut man dabei still an die Decke.
Und dennoch sagt er es wieder: »Wenn einem das Wasser bis

zum Hals steht, ist es außerordentlich ungesund, den Kopf hängen zu lassen.« Und am Abend gleich noch einmal bei einer Veranstaltung mit Ministerpräsident Stanislaw Tillich in Dresden. Auch unter den sächsischen Wirtschaftsvertretern verteilt er Autogramme. Nachdem er Guttenbergs Hand geschüttelt hat, sagt ein ausgewachsener Mann im dunklen Anzug, er werde sich seine jetzt nicht mehr waschen. Vor der Rückfahrt nach Berlin lässt sich der Minister noch live ins Fernsehen schalten, natürlich sowohl zur ARD als auch zum ZDF. Es geht wieder mal um Opel.

Mittwoch früh um kurz nach acht steht Frühstück im Kanzleramt an. Das Frühstück mit Angela Merkel ist eines der exklusivsten Dates, das man in Berlin haben kann. Es ist unter anderem dafür bekannt, dass es das einzige politische Meeting mit mehr als fünf Teilnehmern ist, von dem nie etwas an die Öffentlichkeit gerät. Guttenberg verrät nur so viel: Man wird satt. Danach geht es in den Bundestag, es wird über das neue »EU-Begleitgesetz« beraten. Am Nachmittag soll er vor dem Haushaltsausschuss in der Linklaters-Sache aussagen.

Linklaters ist der Name einer auf Wirtschaftsrecht spezialisierten britischen Großkanzlei, die Guttenberg mit der Anfertigung eines Gesetzentwurfs zur Rettung maroder Banken beauftragt hatte. Das war legitim und keineswegs ungewöhnlich. Im Gegenteil: Wenn schnell hoch spezialisierte Hilfe gebraucht wird, holt sich die Regierung gern externe Berater. So geschehen zum Beispiel, als man beim Kollaps der weltweiten Finanzmärkte im Herbst 2008 auch den Zusammenbruch des deutschen Bankensystems fürchtete. Mit bis heute beispielloser Geschwindigkeit wurde das 480-Milliarden-Euro-Paket konzipiert und in nur wenigen Tagen von der Kanzlerin durch das Parlament geboxt. Dieses Tempo wurde erst durch externe Berater möglich, die aber durchaus auch in weniger spektakulären Fällen zurate gezogen werden.

Seit 1999 ließen sich Bundesregierungen bei insgesamt 60 Vorhaben durch Kanzleien, Institute oder externe Gutachter beraten und diese an Gesetzen und Verordnungen direkt mitschreiben. Die Ministerien geben an, nicht über ausreichendes juristisches Spezialwissen zu verfügen, um unter Zeitdruck hoch komplizierte Gesetzesentwürfe anzufertigen. Allein das Bundesumweltministerium gab in zehn Jahren 3,6 Millionen Euro für diese Dienste aus, beim Finanzministerium unter Peer Steinbrück sollen es sogar 14 Millionen gewesen sein. Bloß war das bislang weitgehend unbekannt. Und kein Minister hatte ein Interesse daran, die auswärtige »Hilfe« an die große Glocke zu hängen. Nicht nur wegen der Kosten für die Steuerzahler, sondern auch, weil diese Praxis ein gewisses »Geschmäckle« hat.

Wie stellt man sicher, dass die Berater, die Gesetze schreiben, nicht interessengesteuert sind? Wenn eine Wirtschaftskanzlei ein Gesetz zur Regulierung des Finanzmarktes schreibt, dann betrifft das womöglich die eigene Arbeit mit anderen Kunden. Da liege die Gefahr nahe, dass Unternehmen und »ganze Branchen, die von unseren Behörden kontrolliert werden sollen, sich die Spielregeln dafür selbst schreiben«, so die Frankfurter Allgemeine. Wo hört die rein sachliche Beratung auf, und wo fängt die Korruption an? Seit Langem hat die Opposition ein Register für Unternehmen und Verbände gefordert, die die Politik beraten. Der Bundesrechnungshof hat die Vorgehensweise als untransparent gerügt. Doch es änderte sich nichts, zu weit verbreitet war das »Gesetzes-Outsourcing«.

In den Mittelpunkt des öffentlichen Interesses gerät es dank des geistigen Aussetzers einer Mitarbeiterin im Bundeswirtschaftsministerium. Sie verschickt den fertigen Gesetzentwurf, auf dem noch der Schriftzug der Kanzlei prangt, an die anderen Ministerien. Die Empörung ist groß. SPD- und Oppositionspolitiker wittern ihre Chance, Guttenberg nur sechs Wochen vor der Bundestagswahl endlich an den Karren zu fahren. Eine Kanzlei zu beauftragen, die ansonsten mit maroden Banken ihr Geld verdient, sei ungefähr so, »als ob man zum Trockenlegen des Sumpfes die Frösche beauftragt«, sagt Wolfgang Wieland von den Grünen. Dass die Auftragsvergabe schon unter Minister Glos gefallen war, spielt keine Rolle; dass die externe Beratung in der Regierung Usus ist, ebenso wenig.

Sie kritisieren, dass er sich nicht nur Rat von außen geholt habe, sondern sich gleich einen fertigen Gesetzestext habe anliefern lassen, der dann eins zu eins übernommen worden sei. »Blanker Unsinn«, heißt es aus dem Ministerium, schließlich habe man selbst, genauer gesagt Staatssekretär Walther Otremba, die inhaltlichen Vorgaben gemacht. Besonders verbittert ist SPD-Justizministerin Brigitte Zypries, denn die Federführung der gemeinsamen Gesetzesinitiative liegt bei ihr. Nun hat Guttenberg einen fertigen Entwurf vorzuweisen und sie noch nicht. Außerdem haben eifrige Recherchen bei Linklaters einen entfernten Cousin von Frau zu Guttenberg ausgemacht, die Ururgroßväter waren Brüder, und man möchte dem Minister nun Vetternwirtschaft anhängen. Doch der Großcousin war erst vor Kurzem zur Kanzlei gekommen, und außerdem kennen die Guttenbergs ihn nicht.

Eigentlich ließe sich die Affäre wunderbar breittreten. Die Kanzlei Linklaters ist ein Partner der True Sale International GmbH, einer Lobbyorganisation der Finanzbranche. Ein gewisser Interessenkonflikt beim Entwurf des »Gesetzes zur Ergänzung des Kreditwesens« ließe sich zumindest öffentlich unterstellen. Ziel des Gesetzes ist schließlich die versprochene verschärfte Regulierung des Finanzsektors. Das erklärte Ziel der TSI-GmbH ist jedoch die »Entwicklung des deutschen Verbriefungsmarktes«, der sogenannten Asset Backed Securities. Manche behaupten, diese Papiere hätten die weltweite Finanzkrise mit ausgelöst oder zumindest befördert, andere sagen, es sei lediglich die fehlende Regulierung dieser Papiere gewesen. Mit Linklaters hat also nun eine mit Lobbyisten verbandelte Wirtschaftskanzlei das Gesetz geschrieben, durch das die Finanzindustrie schärfer kontrolliert werden soll.

Doch die politischen Gegner wollen die Sache nicht zu hoch kochen lassen. Erstens haben sie selbst genug vermeintliche Beraterleichen im Keller, die sie ungern öffentlich debattiert sähen. Und zweitens ist da noch die leidige Geschichte mit dem Dienstwagen der roten Gesundheitsministerin Ulla Schmidt. Der war ihr im Spanienurlaub kurzzeitig abhandengekommen, was die Frage aufwarf, warum sie sich überhaupt in den Ferien darin chauffieren ließ und ob das wohl alles rechtens sei. Es stellte sich heraus, dass die Ministerin in Spanien dienstliche Termine wahrgenommen hatte und ihre privaten Fahrten auch als solche abgerechnet und selbst bezahlt hatte. Auch für die Überführung des Wagens von Deutschland nach Spanien kam sie auf, was sie jedoch, wie sich später herausstellte, in den vergangenen Jahren nicht getan hatte. Ihre Dienstwagennutzung war also völlig legal, der Bundesrechnungshof wird das bestätigen. Doch im Wahlkampf ist die sogenannte »Dienstwagen-Affäre« natürlich ein gefundenes Fressen. Sie lässt sich wunderbar skandalisieren, weil sie für jedermann leicht zu verstehen ist. Zudem gibt es noch einige Ungereimtheiten, was die Trennung von privatem und dienstlichem Einsatz angeht, beispielsweise weil der Fahrer der Ministerin seinen Sohn mit nach Spanien genommen hatte.

Die Dienstwagen-Affäre ist ein Weckruf an alle Wahlkämpfer. Sie zeigt, dass nicht alles, was legal ist, auch als legitim empfunden wird. Selbst die rechtmäßige Nutzung der Dienstprivilegien kann in der Außenwirkung enorm schädigend sein. Guttenberg weiß, dass seine Gegner mit großer Energie nach möglichen Fehltritten seinerseits suchen. Nur zu gern würde man auch ihm Missbrauch der Privilegien vorwerfen. Er nimmt lieber umständliche Reisewege mit Linienflügen in Kauf, als die ihm zustehende Flugbereitschaft der Bundeswehr zu nutzen. Obwohl der Staub, der durch Schmidts Dienstwagen-Affäre aufgewirbelt wird, in dieser Hinsicht etwas beschwerlich ist, kommt er Guttenberg andererseits ganz gelegen. Denn die SPD möchte die Sache unbedingt vom Tisch haben. Dafür ist sie auch bereit, die Linklaters-Sache von der politischen Agenda zu nehmen, die medientechnisch sowieso keinen richtigen Paukenschlag entwickelt hat. Bevor die Minister Schmidt und Guttenberg am Mittwoch vor dem Haushaltsausschuss aussagen müssen, haben sich die Mitglieder der Großen Koalition schon auf einen Waffenstillstand geeinigt. Guttenberg kann seiner Aussage also mit einiger Gelassenheit entgegensehen.

Vor dem Sitzungsraum des Haushaltsausschusses, dem Raum 2400 im Paul-Löbe-Haus zwischen Kanzleramt und Bundestag, tummeln sich etwa achtzig Journalisten und zehn Kamerateams. Viele von ihnen sitzen im Halbkreis auf dem Boden und halten die Mikros ihrer Sender. Es ist eng und stickig. Die Sicherheitsleute versuchen, den Gang zum Eingang frei zu halten. »Wat 'n Gedränge hier«, schimpft einer. »Wird das hier heute Abend unser Aufmacher?«, also die Top-Story, fragt einer von der ARD seinen Kollegen. »Ja, natürlich«, antwortet der entnervt.

Bei einem Kameramann mit ziemlich löchrigem rotem T-Shirt herrscht da größere Unklarheit: »Worum geht es hier eigentlich mit dem Guttenberg?« »Opel, glaub ich«, erwidert ein anderer, »und das mit der Kanzlei.« »Da geht es doch nicht mal um hundert Millionen, oder?«, fragt der mit dem T-Shirt. Der andere zuckt die Schultern. »Ich weiß eh nicht, was wir hier machen.« Alexander Bonde, der haushaltspolitische Sprecher der Grünen, will es erklären. Er stellt sich in den Halbkreis und beginnt zu sprechen. Plötzlich wird es unruhig, im Flur erscheint der Bundeswirtschaftsminister, eine Schneise bildet sich. Und weil alle abgelenkt sind, hört auch Bonde auf zu sprechen und schaut erwartungsvoll Guttenberg an. Der klopft Bonde im Vorbeigehen auf die Schulter: »Red du mal weiter, mein Lieber.«

Für beinah zwei Stunden verschwindet Guttenberg im Ausschuss, in dem keine Medienleute zugelassen sind. Sprecher Moritz wird umlagert, sobald er den Sitzungssaal verlässt. Was die Arbeit der Kanzlei jetzt eigentlich gekostet habe, will einer wissen, über eine Million? Nein, sagt Moritz, deutlich weniger. Über 500 000? »Ich mache hier kein fröhliches Zahlenraten mit Ihnen«, sagt Moritz mit seinem stets charmanten Lächeln. Auch der Minister mag keine Zahlen nennen, als er vor die Presse tritt. Im Ausschuss habe eine »verständnisvolle Stimmung geherrscht«, sagt er und formuliert mit vielen Worten, warum er alles wieder genauso machen würde. Die Mitglieder bemühen sich, dass es nicht nach Kuschelausschuss klingt. Gesine Lötzsch von der Linken bemerkt, Guttenberg habe die Eigenschaft, »viele lange Sätze ohne Inhalt zu bilden«, und davon habe sie heute eine Menge gehört. Aber das interessiert nicht mehr so richtig. Die Linklaters-Affäre ist beerdigt.

Donnerstag bricht Guttenberg wieder in den Wahlkampf auf. Am Morgen stehen in Bayern zwei Firmenbesuche an. Beim Textilhersteller MAC Mode im oberpfälzischen Dorf Wald/Roßbach muss man zunächst unwillkürlich an eine Sekte denken. In

dem modernen, wild umwachsenen Firmengebäude hängen
hier und da Sprüche, die den Mitarbeitern Fragen suggerieren,
die sie sich öfter mal stellen sollen: »Tue ich alles, dass MAC-
Hosen pünktlich geliefert werden?« zum Beispiel – oder: »Die
beste erzielte Kalkulation, der beste Umsatz: Was tue ich dafür?«
Überall stehen frische Blumen, es ist so sauber, dass man vom
Boden essen könnte.

Die Belegschaft scheint aus schönen, schlanken jungen Frauen
zu bestehen, die allesamt auch noch braun gebrannt, entspannt
und glücklich aussehen. Sie tragen farblich abgestimmte Kleidung in Weiß und Grau und sind elegant bis in die manikürten
Fingerspitzen. Schon die Empfangsmädels tragen aufwendige
Hochsteckfrisuren und perfektes Make-up. Die eine hat frische
Strähnen in ihren blondbraunen Locken. Ob hier immer alle so
schön seien? Na ja, sagt sie, sie hätten sich heute schon ein bis-
chen extra schick gemacht für den Herrn Minister. Irgendwie hat
man das Gefühl, für den Besuch jedes anderen Ministers wäre
deutlich weniger Haarspray draufgegangen.

Auch die Geschäftsführerin, eine hübsche Blondine in lebens-
bedrohlich hohen Schlangenlederschuhen, war beim Friseur. Sie
leitet den Minister durch den Betrieb. Er ist bester Dinge. Ob sie
eine »gewisse zerstörerische Ader« habe, fragt er, als sie ihm die
durchlöcherten Jeans präsentiert. Im Lagerraum gehen ältere
Frauen ihrer Arbeit nach, als sei gar kein Besuch da. Guttenberg
öffnet die Tür zu den abgetrennten Büros, ruft »Ein herzliches
Grüß Gott!« in die Runde, läuft weiter. Von hier geht es zum
POS, sagt die Chefin. »Was heißt POS?«, fragt Guttenberg. »Point
of Sale.« »DVM«, sagt Guttenberg. »Und was heißt das jetzt?«,
fragt die Chefin. »Danke vielmals.«

Guttenberg setzt sich fürs Foto an eine Nähmaschine, zerstört
nach eigener Aussage »alles, was je vorgesehen war«, und lässt

sich die beiden erfolgreichsten Hosenmodelle erklären, die hier angefertigt werden. Das Modell Melanie sei für die Frau mit Wespentaille mit schmalen Beinen, das Modell Angela eher für die gerade Frau mit nicht so schmaler Taille, die Rubens-Frau. Melanie sei also Frau Nummer eins, Angela Frau Nummer zwei. »Den Satz werde ich nie wagen«, sagt Guttenberg, »dass Angela Frau Nummer zwei ist.« Bevor er wieder ins Auto steigt, sagt der Minister, wie gut es ihm gefallen habe. Die Chefin bedankt sich: »Sie sind ein guter Typ.« Nach diesem Besuch drängt es sich auf, den Minister nach seiner Wirkung auf Frauen zu fragen. Ist er sich ihrer bewusst? Schließlich kämen auffällig viele Frauen, um ihn reden zu hören. Ja, das stimme, sagt der Minister, da kämen viele Frauen. Und mehr sagt er dazu nicht.

Weiter zur oberfränkischen Industrie- und Handelskammer, das Thema ist die regionale Breitbandversorgung, und dann ins Bierzelt nach Marktschorgast, gleich bei Guttenberg. Vater Enoch und Stiefmutter Ljubka sitzen am Ehrentisch in der ersten Reihe. Herzlich umarmen sich Vater und Sohn zur Begrüßung. Das Zelt ist, wie sollte es anders sein, zum Bersten voll. 1500 Leute sind gekommen, es ist ein Heimspiel. Zwischen »seinem Herzen und Marktschorgast sei viel gewachsen«, sagt der Minister, und die Oberfranken sind sichtlich stolz.

Nach seiner Rede setzt er sich noch über eine Stunde zu den Leuten an die Tische. Vor der Heimfahrt bespricht er im Auto mit dem Büroleiter seines Wahlkreises die wichtigsten Anliegen. Erst um 23 Uhr geht es wieder Richtung Berlin. Ob er müde sei, fragt der Minister den Fahrer gegen Mitternacht, er könne auch selbst mal fahren. Der Fahrer winkt ab, an einer Raststätte holt der Minister ihm einen Kaffee. Um halb zwei Uhr früh ist er zurück im Berliner Westend. Er möchte bitte um acht Uhr abgeholt werden, er will früh ins Ministerium. Für Freitag sind zwölf

Termine angesetzt, schließlich muss nebenher auch regiert werden.

Am Samstag geht es für drei Tage nach Brasilien, es geht um die Fußball-WM 2014 und damit verbundene Wirtschaftsinteressen. Ab Mittwoch ist wieder Wahlkampf. Ob er sich angesichts des großen Zuspruchs unterwegs eigentlich mittlerweile für unverwundbar halte? »Die größte Verwundbarkeit liegt ja weniger in den Angriffen anderer, sondern in den eigenen Schwächen«, sagt Guttenberg. »Deshalb ist man ständig verwundbar.« Aber es ist nicht unbedingt eine Schwäche, die ihn im neuen Amt fast den Kopf kosten soll.

KAPITEL 9

KÖNIG FÜR EINE NACHT

Solche Tage, randvoll mit schicksalsträchtigen Minuten, sollten sich irgendwie zu erkennen geben. Dieser Tag wirkt geradezu scheinheilig. 25 Grad hat es in Guttenberg, die große deutsche Dogge Freddy räkelt sich in der Sonne, nur eine leichte Brise raschelt in den hohen Laubbäumen. Es ist zu still, und der beliebteste Minister Deutschlands ist nervös.

Ein Blick über die Sonntagszeitungen verwirklicht die Eckdaten: 27. September 2009, Wahlsonntag, Tag der Wahrheit, Stunde null. Die Töchter spielen schon draußen im Garten. Hier drinnen, in der Küche des umgebauten Stallgebäudes vor dem Schloss, ist es noch kühl. Ein Wurstbrot, ein süßer Quark, ein ziemlich schwarzer Kaffee und ein Vitamin-Shot. Diese Ampullen haben geholfen, die Strapazen der vergangenen Wochen irgendwie gesund zu überstehen. Nur einmal hatte Guttenberg Fieber, musste sich fit spritzen lassen. Nach dem Wahlkampf werde er wohl ein Sauerstoffzelt brauchen, hat er dann geklagt. Der ist jetzt vorbei, er braucht es nicht.

Merkels Regierungssprecher Ulrich Wilhelm hat einmal Spitzenpolitiker mit Bergsteigern verglichen. Für die Achttausendergipfel, sagte er, hätten eben nur sehr wenige das Zeug. Was diese Menschen ausmache, seien nicht nur Talent, Qualifizierung und Machtwille, sondern vor allem auch ihre »Rossnatur« – eine unverwüstlich gute Gesundheit. Nur damit könne man die Belastungen des Politikerdaseins rein körperlich durchstehen. Guttenberg hat sie, die Rossnatur.

Der Minister blättert lustlos durch die Zeitungen. Die Zahlen, an die er denken muss, stehen nicht drin. Es sind die der internen Umfragen. Guttenberg ahnt, dass das Ergebnis der CSU schwach sein wird. Und da ist er in seiner Partei nicht der Einzige.

Ein Schuldiger für das erwartete schlechte Abschneiden ist in der Partei auch schon gefunden. Er heißt Guttenberg. Denn der hat nicht die Abwanderung zur FDP verhindert. Schuld durch Unterlassen! In den letzten Tagen sind die Werte für die FDP noch einmal gestiegen, die der Union gesunken. Während sich also der Herz-Jesu-Sozialist Seehofer um die Arbeitnehmer kümmerte, sich etwa als Quelle-Retter profilierte und damit dann vorgeblich die breite Mitte für die CSU sicherte, hat Guttenberg die Unternehmer nicht halten können. Seehofer wird später vorrechnen, wie viele Wähler von der SPD zur Union übergelaufen sind, das sei sein Verdienst: »Die Flanke nach links habe ich abgedichtet.« Guttenberg dagegen habe nicht verhindert, dass 1,1 Millionen Unions-Wähler zur FDP abwanderten.[103] Kann der Spin dem Minister gefährlich werden? Muss er reagieren? Er fischt sich die Reiseseiten aus den Zeitungen. »Das ist wenigstens was zum Träumen«, sagt er, wischt den restlichen Stapel Papier zur Seite und verschwindet Richtung Liegestuhl im Garten.

Um Punkt zwölf Uhr gehen die Guttenbergs zum Wählen ins Gemeindehaus. Die 500 Meter dahin laufen sie zu Fuß, die Töchter an der Hand. Kamerateams warten, einige Fotografen.

Der Minister ist freundlich wie immer und gibt sich zuversichtlich. Doch die Erleichterung, nach dem harten Wahlkampf mit über hundert Veranstaltungen quer durch Deutschland nun alles gegeben zu haben und nichts mehr tun zu können, die will sich nicht einstellen. Und die Zeit will nicht vergehen. Geduld ist keine Stärke Guttenbergs. Nie gewesen. Und das Amt macht es nicht gerade besser, sagt er. Wie wäre es mit einem Ausflug, schlägt er vor, einem Mittagessen beim Lieblingswirt im nächsten Ort? Seine Frau schaut ihn ungläubig an. »Du willst jetzt in ein Lokal? Das geht nicht. Und heute schon gar nicht.« Sie weiß, was es bedeuten würde: Autogrammbitten, Lob, ungefragte politische Analysen, gemeinsame Fotos, Zustimmungsbekundungen. Jedenfalls kein ruhiges Mittagessen. Sie kocht stattdessen selbst.

Guttenberg telefoniert mit einem Mitarbeiter, seine Schritte federn durch das Haus. Stillsitzen ist heute nicht. Der Fernseher läuft ohne Ton. Kurz vor 16 Uhr dann eine erste erlösende SMS: Es wird für Schwarz-Gelb reichen. Demnach liege die Union zwischen 32 und 34 Prozent, für sechs bis sieben Prozent bundesweit steht die CSU, die FDP zwischen 14 und 15. Die SPD wird noch auf 25 Prozent geschätzt, später wird sie auf unvorstellbare 23 Prozent sinken. Zwei Stunden später hat die Union 33,8 Prozent, davon die CSU 6,5. Das entspricht 46,7 Prozent in Bayern, 1,4 Prozent weniger als bei der Europawahl, zehn Prozent weniger als bei der vorigen Bundestagswahl.

Bei den Analysen der Wahlergebnisse wird sich herausstellen, dass dem Rekordergebnis der FDP, wenig überraschend, die Enttäuschung des Mittelstandes über die Union zugrunde lag. Denn vor allem im wirtschaftlich starken Süden Deutschlands wuchs die FDP auf Kosten der Union. Der Chef des Meinungsforschungsinstitutes Forsa, Manfred Güllner, sagte in seiner Analyse, Guttenberg habe diesen Abwanderungseffekt zur FDP abgemildert.[104]

Noch stehen die Hochrechnungen für den Wahlkreis aus. In Kulmbach, der nahen Kreisstadt, in der Guttenberg ein Büro hat, veranstaltet die CSU eine Wahlparty in der »Alten Feuerwache«. Der Minister möchte erst hinfahren, wenn er seine vorläufigen Zahlen gesehen hat. Die kommen gegen 19 Uhr, und er kann sie kaum glauben. Von fast 70 Prozent der Erststimmen ist die Rede. 2005 waren es noch 60 Prozent gewesen. Auch das war ein sehr respektables Ergebnis für einen Wahlkreis, der nicht tiefschwarz ist wie mancher in Bayern. Oberfranken gilt als strukturschwach, lag lange am Rand der Republik, hier hat auch die SPD viele Anhänger. Fast 70 Prozent für die CSU wären eine Sensation. Der Minister mahnt noch, erst einmal die amtlichen Ergebnisse abzuwarten. Und dennoch ist es dieser Moment, in dem die Spannung von ihm abfällt: Mit einem derart starken Ergebnis, das weiß er, ist er parteiintern vorerst in Drachenblut gebadet.

Um 19.30 Uhr geht es los nach Kulmbach. Die Mädchen dürfen zum ersten Mal mitgehen auf eine Wahlveranstaltung, sie sind aufgeregt. Sie haben sich umgezogen. Frau zu Guttenberg trägt zur schwarzen Hose ein weißes T-Shirt mit dem Konterfei ihres Mannes, dazu eine schwarze, taillierte Lederjacke. Die »Alte Feuerwache« ist übervoll, als die Familie eintrifft. Über zweihundert Leute drängen sich im Lokal, darunter die lokale Politprominenz, Journalisten, Fotografen, Fernsehteams. Zu tosendem Applaus geht Guttenberg auf die Bühne. Stolz sind die Kulmbacher, »ihren« KT hier zu haben, und sie lassen es ihn spüren. Und Guttenberg tut, was er immer tut und wofür ihn die Menschen lieben: Er gibt die Energie mit vollen Händen zurück.

Die Große Koalition sei seit heute Geschichte, sagt er. Die Leute jubeln. Er wisse zwar nicht, wie es mit ihm weitergehe, aber er habe gute Hoffnung, diesen Wahlkreis auch in Zukunft zu vertreten. Typisches Guttenberg-Understatement, seine Wahlkreisergebnisse sind noch nicht offiziell. Der Wahlkreis stehe für ihn im Mittelpunkt, und das werde auch so bleiben. »Egal wo ich in Zukunft meine Tätigkeit verrichten darf, muss meine politische Arbeit immer am Wohl meiner oberfränkischen Heimat ausgerichtet sein.« Volltreffer ins Herz der Oberfranken. Er dankt ihnen, er dankt seinen Mitarbeitern, er dankt seiner Frau. Kuss. Blitzlichtgewitter. Das Ministerpaar strahlt, die Töchter strahlen von ihrem Platz am Tisch daneben. Mit ihren acht und sechs Jahren spüren sie wohl, dass sie heute Geschichte erleben.

Guttenberg wird live ins bayerische Fernsehen geschaltet, schüttelt dann weiter Hände. Strauß-Tochter Monika Hohlmeier ist mit ihrem Sohn gekommen. Die Musik läuft, es gibt Bier und Rostbratwurst, auch die Leute vom BKA bekommen etwas zu essen. Da stürmt der Minister wieder auf die Bühne. Er ist aufgebracht, bittet um Ruhe. Eben erst hat ihm ein Mitarbeiter sein Ergebnis bestätigt. »Wir haben mit über 68 Prozent das beste Wahlkreisergebnis Deutschlands eingefahren«, sagt er. »Wir haben aus diesem Wahlkreis heraus ein Zeichen gesetzt.« Die Leute sind außer sich, so als wäre dieses Ergebnis ihr persönlicher Erfolg. Guttenberg wirkt, als könne er es selbst noch nicht ganz fassen. Endlich Gewissheit. Es ist der Moment des totalen Triumphes.

Später gibt es im kleinen Kreis noch einen Kräutertee für die angeschlagene Stimme. Parteifreunde und Kollegen senden per SMS Glückwünsche. Kurz nach 23 Uhr ruft die Mutter des Ministers, Christiane von Ribbentrop, an und gratuliert. Auch sie ist aufgeregt gewesen in den letzten Wochen, besonders heute. Jetzt fällt ihr ein Stein vom Herzen. Vater Enoch zu Guttenberg hingegen meldet sich nicht. Er verbringt das Wochenende allein auf einer Waldhütte, abgeschnitten von der Außenwelt. Zu nervenaufreibend fand er die unentwegte Berichterstattung, die Spekulationen, die vielen Anrufe. Der Vater kam gern zu Wahlkampfveranstaltungen des Sohnes, war sichtlich stolz auf ihn, genoss die Atmosphäre. Doch er sah auch immer die Gefahr, die in dem Hype lag. Für das Wahlwochenende wollte er einfach nur weg, um erst dann zurückzukommen, wenn alles vorbei ist. Jeder hat eben seine eigene Art, mit einem solchen Tag umzugehen, weiß der Sohn.

Im Radio läuft der Bayerische Rundfunk. Von den großen Verlusten für die Union ist die Rede und vom stark angeschlagenen CSU-Chef. Weg sind die 48 Prozent der Partei in der Europawahl, in weiter Ferne die avisierten 50 plus X. Wird Seehofer das überleben? Doch ein anderer in der CSU hätte allen Grund zur Freude, sagt die Moderatorin und berichtet vom Stimmenkönig der Wahlnacht, dem besten Erststimmenergebnis der Bundesrepublik für Politstar Karl-Theodor zu Guttenberg. Der Minister schmunzelt. »Na ja«, sagt er, »hab ich später wenigstens was, das ich meinen Enkeln erzählen kann.«

KAPITEL 10

DEEP SHIT

Im Poker der Koalitionsverhandlungen bekommt Guttenberg mit dem Verteidigungsministerium die Zeitbombe zugespielt. Schon als er am 28. Oktober sein Büro im Bendlerblock bezieht, ist der Skandal, der als Kundus-Affäre bekannt werden soll, programmiert. Denn während er noch mit Großem Zapfenstreich seinen Amtsvorgänger Franz Josef Jung verabschiedet, sind zwei Journalisten bereits mit bisher unbekannten Akten auf der Spur von dessen Fehlern und des gewaltigen Durcheinanders in seinem Ministerium.

Die Enthüllungen werden nicht nur Jung das neue Amt als Arbeitsminister kosten, sondern auch Guttenberg in äußerste Bedrängnis und die erste schwere Krise seiner politischen Laufbahn bringen. Seinen außergewöhnlichen Status wird die Affäre dadurch unterstreichen, dass sie seiner Beliebtheit kaum schadet.

Als Guttenberg sein neues Amt antritt, ist das Ungemach für ihn noch nicht absehbar. Er freue sich, »zu seiner alten Leidenschaft zurückzukehren«, sagt er bei seiner Antrittsrede. In der Außen- und Sicherheitspolitik ist er im Gegensatz zu den meisten seiner Vorgänger ein anerkannter Fachmann. Der Stabsunteroffizier der Reserve freut sich auf die neue Aufgabe als Inhaber der Befehls- und Kommandogewalt, auch wenn in den Koalitionsgesprächen nicht alles nach seinem Plan gelaufen war. Er hätte sich auch vorstellen können, mit um Energiefragen erweiterter Kompetenz Wirtschaftsminister zu bleiben. Die Aufgabe liegt ihm auch deshalb, weil einer ihrer wichtigen Bestandteile die Kommunikation ist – als Mittelsmann zwischen Politik, Wirtschaft, Öffentlichkeit und internationalen Interessen zu fungieren. Auch Wirtschaftsexperten der Union würden Guttenberg gern im alten Amt behalten. Doch sein Vorstoß, den Ressortzuschnitt zu ändern, scheitert bereits in der ersten Sitzung der großen Koalitionsrunde.[105]

Seine eigenen Präferenzen spielen ohnehin eine untergeordnete Rolle, denn die Kanzlerin verhandelt mit den Parteichefs Seehofer und Westerwelle. Die drei eint ein Ziel: Guttenberg die Gelegenheit zum Glänzen zu nehmen. Mit seiner großen Beliebtheit ist er für seinen stark angeschlagenen Parteichef und langfristig selbst der Kanzlerin eine latente Gefahr. Seehofer hat seit der Wahl noch einmal an Vertrauen in der Bevölkerung verloren. Laut einer Forsa-Umfrage vertrauen ihm im Oktober nur noch 41 Prozent, selbst bei den eigenen Anhängern ist es weniger als die Hälfte. Guttenberg hingegen vertrauen drei Viertel der eigenen Anhänger und fast zwei Drittel der Gesamtbevölkerung. Obwohl die Kanzlerin die Charts anführt, ist Guttenberg der Einzige, dessen Werte seit Juli noch gestiegen sind.

Das Finanzministerium könnte da Abhilfe schaffen. Schuldenberge, Sparmaßnahmen, dazu die versprochenen Steuersenkungen. Man werde ja sehen, wie lange die Popularitätswerte Guttenbergs dann noch stabil bleiben, soll Seehofer in einer Runde mit Vertrauten gesagt haben.[106] Doch Wolfgang Schäuble landet im Finanzministerium, daher wird Rainer Brüderle von der FDP

Wirtschaftsminister. Guttenberg, der zwischenzeitlich als EU-Kommissar und Innenminister im Gespräch war, bekommt das Verteidigungsressort.

Ob es tatsächlich seine eigene Wahl war, wie Medien berichten, will Guttenberg nicht kommentieren.[107] Sicher ist: es ist eine undankbare Aufgabe, besonders in diesen Zeiten. An dem Ressort sind schon viele Minister gescheitert. Es interessiert die Öffentlichkeit hauptsächlich dann, wenn es schlechte Nachrichten gibt: Tote in Afghanistan, Missbrauch in der Bundeswehr, immer teurer werdende Anschaffungen wie der Militärtransporter A400M.

Die gigantische Bürokratie, der mit der Bundeswehr 250 000 Soldaten unterstehen, ist schwer zu führen. Den Spitzen des Apparats ist es egal, wer unter ihnen Minister ist, heißt es. Die chronisch unterfinanzierte Armee ist geschwächt durch den Wehrdienst, den Guttenberg laut Koalitionsvertrag auf sechs Monate verkürzen soll und den der Regierungspartner FDP gern ganz abschaffen möchte.

Der Erfolg des Verteidigungsministers wird auch am Erfolg der Afghanistan-Mission bemessen werden, und die scheint zum Scheitern verurteilt. Alles deutet darauf hin, dass es mehr deutsche Opfer geben wird, für die der Minister dann in letzter Instanz verantwortlich ist. Das kommt nicht gut an. Kein Amt, um in den Medien zu glänzen, selbst wenn wider Erwarten alles gut läuft. Außerdem steht die Bewertung des von dem deutschen Oberst Georg Klein befohlenen Luftschlags auf zwei von Taliban entführte Tanklaster in Nordafghanistan aus.

Das kommt Merkel, Seehofer und Westerwelle gelegen. Guttenberg sei »kaltgestellt« worden, heißt es.[108] Als »Management by Champignons« beschreibt Stoibers ehemaliger Medienberater Michael Spreng das Prinzip Merkels und Seehofers: »Sobald einer den Kopf herausstreckt, sofort abschneiden.« Guttenberg sei einen Kopf kürzer gemacht worden. Seine einzige Chance, ein populärer Verteidigungsminister zu werden, sei ein realistischer Plan für die Rückkehr der deutschen Soldaten aus Afghanistan. Der *Focus* betrachtet Guttenbergs neue Aufgabe gar als »Himmelfahrtskommando« und als »Härtetest«, die *Zeit* als »echte Bewährungsprobe«. Guttenberg habe das Wirtschaftsministerium wahlkampf- und krisenbedingt kaum prägen können, nun müsse er den »Charakternachweis« gegenüber der Partei und der Öffentlichkeit erbringen, die beide dem Afghanistan-Einsatz kritisch gegenüberstehen.

Doch diejenigen, die meinen, Guttenberg werde nun seinen Glamourfaktor verlieren, irren sich. Von Beginn an dominiert er in den Medien. In seinem ersten Interview spricht er etwas aus, das Jung in seinen vier Jahren mied wie der Teufel das Weihwasser: Er spricht von »kriegsähnlichen« Zuständen in Afghanistan. »Ich selbst verstehe jeden Soldaten, der sagt, in Afghanistan ist Krieg«, sagt er. Völkerrechtlich sei es zwar kein Krieg, weil der nur zwischen souveränen Staaten stattfinde, doch für die Soldaten sei es ein »Krieg der Taliban« gegen sie.[109] Die Formulierung kommt einem Tabubruch gleich und ist ein medialer Volltreffer.

Guttenberg hat den Nerv der Öffentlichkeit getroffen. Er erntet Applaus von allen Seiten, auch der Opposition. Die Bundeskanzlerin wird wenig später nachziehen und ebenfalls von »kriegsähnlichen« Bedingungen sprechen. »Endlich hat einer mal gesagt, was wahr ist«, lobt selbst Altkanzler Helmut Schmidt.

Die Soldaten sind dankbar, dass ihr Einsatz nach acht Jahren nun als das gewürdigt wird, was er ihrem Empfinden nach ist. Der Chef des Bundeswehrverbandes Ulrich Kirsch hatte mehrfach von der Regierung gefordert, den Leuten »die Wahrheit« über den Afghanistan-Einsatz zu sagen. Nun ist er »dem Minister sehr dankbar, dass er die Dinge beim Namen nennt«. Endlich sei klar,»dass die Soldaten in Afghanistan im Krieg sind«, sagt er und bezeichnet den neuen Minister als »Chance für die Bundeswehr«. Ausgerechnet Außenminister Westerwelle, der oft als Rivale Guttenbergs in der Sicherheits- und Außenpolitik dargestellt wird, wird einige Monate später in seiner Regierungserklärung die Neubewertung der Lage in Afghanistan als einen »bewaffneten Konflikt im Sinne des humanitären Völkerrechts« verkünden und damit Guttenbergs Lesart bestätigen.

Mit der Änderung in der Sprachregelung will der Minister auch die rechtliche Lage für die Soldaten im Einsatz vereinfachen. Manche Aktionen lassen sich vor dem Hintergrund des Krieges eher erklären und rechtfertigen als in einer friedensstiftenden Mission. So zum Beispiel der Luftschlag in Kundus. Strafrechtliche Verfolgung für den befehlshabenden Oberst Klein, wie sie einige Monate später eingeleitet werden wird, ist Gift für die Moral der Soldaten. Der Minister will sich schützend vor sie stellen. Darum geht es ihm auch in der Affäre, in dessen Strudel er gerät.

Es ist eine Affäre, in der es keine einfachen Wahrheiten gibt und keine schnellen Antworten. Es gibt zunächst nur viele Tote und die Frage, ob sie wirklich hätten sterben müssen.

Den Befehl, aus dessen Folgen sich die Kundus-Affäre entwickeln wird, gibt Klein um 1.51 Uhr am Morgen des 4. September 2009, zwei Monate bevor Guttenberg Verteidigungsminister wird. Bei der von amerikanischen Kampfflugzeugen ausgeführten Bombardierung auf die von Taliban-Kämpfern entführten Tanklaster, die auf einer Sandbank im Kundus-Fluss feststecken, kommen bis zu 142 Menschen ums Leben, unter ihnen Kinder und Jugendliche. Wie viele Opfer es genau gab, wird nie geklärt. Die Bundesanwaltschaft geht offenbar von etwa 50 Toten aus, die auf vorhandenen Videoaufzeichnungen der Sandbank zu sehen sind. Einige waren zu den Lastern gelaufen, weil die Taliban das Benzin verschenkten. Es ist die folgenschwerste militärische Operation in der Geschichte der Bundeswehr.

Klein verstößt dabei gegen Einsatzregeln. Um sogenannte Luftnahunterstützung anzufordern, soll direkter Feindkontakt oder eine akute Gefahr für die eigene Truppe bestehen. Dazu kommen die zivilen Opfer. Und das alles drei Wochen vor der Bundestagswahl. Der unpopuläre Afghanistan-Einsatz würde sich hervorragend dazu eignen, Wähler zu mobilisieren.

Wie so oft ist es nicht das ursprüngliche Geschehen, das den Skandal ausmacht, sondern der Umgang damit. In der Sache Kundus ist von Anfang an der Wurm drin. Bereits am Morgen des 4. September berichten die Nachrichtenagenturen von zivilen Opfern. Dennoch schließen Generalinspekteur Wolfgang Schneiderhan und Verteidigungsminister Jung sie zunächst kategorisch aus. Ihr Krisenmanagement wird in den Medien kritisiert. Wenn auch nur drei deutsche Touristen entführt würden, schreibt die *Frankfurter Allgemeine*, richte das Auswärtige Amt einen Krisenstab ein und unterrichte Minister und Staatssekretäre über jedes Detail. Im Verteidigungsministerium hingegen sei niemand darauf gekommen, einen Krisenstab einzurichten. Der schwerwiegendste Einsatz der Bundeswehr sei dort mit einer Wurstigkeit behandelt worden, »als ginge es um eine geklaute Kiste Draht«, schreibt die *Bild*. Jung relativiert noch ein wenig, wenn Zivilisten getötet worden seien, fordere das »unsere Anteilnahme und unser Mitgefühl«, die Kanzlerin verspricht »lückenlose Aufklärung«. Damit ist das Thema erfolgreich über den Wahltag hinaus vertagt.

Das gelingt auch, weil es keine Bilder des Leids gibt. Es gibt keine Aufnahmen, die zeigen, wie bis zu 142 Menschen, darunter Kinder und Jugendliche, in dem gewaltigen Feuerball verbrennen. In unserer Medienlandschaft braucht es bewegte Bilder, damit ein solches Drama emotional in der Öffentlichkeit durchdringt. Die Amateur-Videoaufnahmen der Tsunami-Welle in Thailand, die im Fernsehen nach Weihnachten 2004 auf Endlosschleife liefen, brachten den Zuschauern das Grauen vor Ort nahe. Sie konnten die Schreie hören, die Panik nachempfinden.

Von dem Anschlag in Kundus gibt es am Morgen danach jedoch nur noch Fotos verkohlter Tanklaster. Die Afghanen beerdigen ihre Toten innerhalb von 24 Stunden. Einige Medien berichten zwar ausführlich und zitieren einen Vater, der nur noch verkohlte Gliedmaßen beerdigen konnte, mit den Worten: »Ich nahm etwas Fleisch mit nach Hause und nannte es meinen Sohn.« Doch in der öffentlichen Wahrnehmung erscheint das Leid unwirklich. Das folgenschwere Bombardement scheint zur Fußnote zu werden.

Am 29. Oktober, Guttenbergs erstem Arbeitstag als Verteidigungsminister, bewertet Generalinspekteur Wolfgang Schneiderhan anhand des Untersuchungsberichts der NATO, des sogenannten ISAF-Berichts, die Bombardierung als »militärisch angemessen«. Eine Woche später schließt sich der Minister dem an. Doch er setzt noch eins drauf. Zu dem Luftschlag hätte es auch ohne Verfahrensfehler kommen müssen, sagt er. Das ist, gemäß seinem Stil, eine wuchtige Ansage.

Wie kommt Karl-Theodor zu Guttenberg zu seiner Bewertung? Er hat den ISAF-Abschlussbericht vorliegen, dem er, wie er später im Untersuchungsausschuss sagt, entnimmt, dass Klein auch unter Einhaltung aller Regeln so hätte entscheiden müssen, wie er es tat. Der Minister habe nach der unmissverständlichen Einschätzung der Experten in seinem Ministerium annehmen müssen, dass es für Klein keine Handlungsalternative gegeben habe.

Nachdem er seine Bewertung abgegeben hat, fliegt Guttenberg nach Afghanistan und wird von den Soldaten dort euphorisch empfangen. Ein Foto der Reise zeigt den Minister in der Transall-Maschine im dunklen Anzug mit Krawatte, die Hände in die Hüften gestemmt. Um ihn herum sitzen Reisebegleiter in beigefarbener Camouflage-Uniform. Mit dem den Minister umgebenden Licht hat das Bild fast ikonenhaften Charakter. Es könnte gestellt sein, so perfekt ist die Pose, doch es ist ein Schnappschuss.[110] Fast alle Zeitungen drucken es auf dem Titelblatt. Wie auf diesem Bild wirkt Guttenberg in der politischen Landschaft auch deshalb, weil er sich so stark von ihr absetzt.

Während Guttenberg unterwegs ist, arbeiten sich zwei Bild-Reporter durch einen Ermittlungsbericht, der von einem Feldjäger in Kundus am 4. September, nur wenige Stunden nach dem Luftschlag, verfasst wurde. Er besteht aus insgesamt 180 Seiten, auch ein Video des Luftschlags ist dabei. Jan Meyer und Julian Reichelt sind auf eine Quelle gestoßen, die vorgeblich die wahren Umstände des Einsatzes in Afghanistan an das Licht der Öffentlichkeit bringen will. Dies wird gelingen.

Der Feldjägerbericht zieht eine desaströse Bilanz des Luftschlags. Aus ihm geht auch deutlich das zumindest suboptimale Krisenmanagement und die damit einhergehende Kommunikation der Regierung hervor. Dort steht, dass das Einsatzführungskommando in Potsdam bereits am 4. September über die hohe Wahrscheinlichkeit ziviler Opfer benachrichtigt wurde. Dort steht ebenfalls, dass Taliban vor dem Bombenangriff eine Moschee gestürmt und Dorfbewohner gezwungen hätten, ihnen mit Traktoren bei der Bergung des Benzins zu helfen. Und es steht ebenfalls darin, dass Klein seine Entscheidung aufgrund von nicht eindeutigen Videobildern traf und dass sein afghanischer Informant nicht einmal in Sichtweite der Tanklaster war.[111] Vor allem aber ist vermerkt, dass der Bericht negative Konsequenzen für Klein haben könnte. Schneiderhan kennt den Feldjägerbericht, Guttenberg nicht. Er weiß nicht einmal, dass ein solcher existiert. Nachdem er durch die Bild-Zeitung davon erfährt, entlässt er Schneiderhan und Staatssekretär Peter Wichert wenige Stunden später.

Dazu ist er als Minister befugt, wenn er subjektiv empfunden das Vertrauen zu ihnen verloren hat. Er muss diesen Schritt nicht begründen. Doch er begeht den Fehler, genau das zu tun. In einer Fernsehsendung scheint er den beiden Spitzenbeamten Vorsätzlichkeit zu unterstellen, indem er sagt, Dokumente seien ihm »unterschlagen beziehungsweise vorenthalten« worden. Schneiderhan und Wichert empfinden das als »ehrabschneidend«. Schneiderhan wehrt sich in einem Interview. Plötzlich geht es gar nicht mehr um die Umstände des Luftschlags, sondern darum, ob die Begründung richtig war, die der Minister für die Entlassung Schneiderhans und Wicherts gar nicht hätte geben müssen. Guttenberg schreibt Wichert Anfang Dezember, dass er nie davon ausgegangen sei, dass man ihm Dokumente vorsätzlich vorenthalten habe. Im März sagt der Minister das auch öffentlich in einem Interview.

Seine Darstellung von der Angemessenheit des Luftschlags revidiert er nach der Veröffentlichung der Details aus dem Feldjägerbericht auf »nicht angemessen«. Er werde Oberst Klein trotzdem nicht fallen lassen, sagt er und bekommt dafür im Plenum Applaus. Es sei unredlich, einem Oberst die Last zusätzlich zu seiner moralischen und militärischen Verantwortung für die Entscheidung aufzubürden, schreibt auch die Süddeutsche. Die Opposition fordert nun lautstark den Rücktritt von

Jung. Sie wirft ihm vor, die Öffentlichkeit nicht korrekt über den Luftschlag informiert zu haben, gerade im Hinblick auf zivile Opfer.

Nachdem ihn Merkel zu sich einbestellt hat, tritt Jung als Arbeitsminister zurück. Die Opposition schießt sich nun auf Guttenberg ein. Sie fordert einen Untersuchungsausschuss, der die Umstände des Luftschlags eher beiläufig klärt, aber als wirkungsvolles politisches Instrument dient. Schließlich steht in Nordrhein-Westfalen im Mai die wichtige Landtagswahl an. Nicht mehr der Luftschlag und die darauffolgende Misskommunikation stehen nun im Vordergrund, sondern Guttenbergs Umgang damit. Durch seinen Politikstil habe er das Thema zu seinem eigenen Problemfall gemacht, schreibt die *Welt*.

Die Medien stürzen sich auf den Helden, den sie selbst kreiert haben. Die Berichterstattung ist von spürbarer Häme gekennzeichnet. Vielleicht habe der Minister tatsächlich gedacht, mit viel Glanz und wenig Substanz auch sein neues Ressort führen zu können, schreiben die *Aachener Nachrichten*. Vielleicht sei dem Sonnyboy des Berliner Betriebes sein plötzlicher Ruhm mächtig zu Kopf gestiegen. Vielleicht habe er »selbst an das Bild geglaubt, das viele Medien in den vergangenen Monaten von ihm gezeichnet haben«, heißt es weiter. Es klingt geradeso, als seien die Journalisten persönlich enttäuscht. »Doch einer wie alle«, schreibt ein Leitartikler in der *Frankfurter Rundschau* bezeichnend.

So hoch wie Guttenberg gelobt wurde, so tief soll er jetzt fallen. Er begeht eine Woche nach Amtsantritt auf für ihn eindeutigen Rat der Spitze seines Hauses hin einen Fehler, indem er die Bombardierung als angemessen bezeichnet, und gesteht ihn ein. Das ist noch lange kein Skandal. Doch die Opposition behauptet, Schneiderhan und Wichert hätten als Bauernopfer dienen müssen, um seine Fehleinschätzung zu erklären. Daraus drehen sie ihm den Strick. Tatsächlich hat jedoch die Fehleinschätzung mit dem Rauswurf nichts zu tun, wie der Minister im Untersuchungsausschuss darstellt.

»Der Entzauberte«, titelt der *Spiegel*. Als »selbstverliebten Darling« bezeichnet ihn die *Süddeutsche*: Guttenberg habe im neuen Amt Führungsstärke demonstrieren wollen und dies auf dem Rücken Untergebener getan. Er sei zu leichtsinnig gewesen, seine Eitelkeit sei mit ihm davongerannt, schreibt die *Zeit*. Man könne sich gar nicht genug aufregen über den Skandal, den sich »der feine Herr im Verteidigungsministerium« da geleistet habe »in Sachen Ehrabschneidung«, schreibt der *Tagesspiegel*. Nicht einmal die Wörner-Kießling-Affäre, als ein Vier-Sterne-General wegen Homosexualität aus der NATO-Spitze entfernt werden sollte, sei vergleichbar. Schon werden Rücktrittsforderungen laut.

Als der Minister Mitte Dezember zu einer Afghanistan-Debatte im Bundestag erscheint, ist ihm die Anspannung nicht gleich anzusehen. Zuvor, in der Fragestunde, hatte sein parlamentarischer Staatssekretär Christian Schmidt die Fragen der Abgeordneten beantwortet. Es ging heiß her. Bis pünktlich auf die Minute der Verteidigungsminister in den Plenarsaal kam. Grauer Anzug, blaues Hemd, gelbe Krawatte. Guttenberg schüttelt Hände, lächelt viel. Keine Talkshow sei vor ihm sicher, die er als Ablenkungsmanöver nutze, schimpft eine aus der Opposition. Als der Minister dann selbst zu Afghanistan sprechen soll, wird es nicht ruhig im Saal. Während er am Rednerpult steht, brechen regelrechte Tumulte aus. Bundestagspräsident Norbert Lammert muss immer wieder um Ruhe bitten. Der Minister tritt kaum merklich von einem Fuß auf den anderen, während er darauf wartet, zu Wort zu kommen. Dann schimpft er über das »wüste Geschrei« und das fehlende »Anstandsempfinden«. Er rollt seine Notizen zusammen und schlägt mit der Faust auf das Pult. Man hat den Eindruck, er würde am liebsten durch die Decke gehen. Er bewahrt die Fassung, doch es ist unübersehbar, dass er sich in der Defensive befindet. Und die Rücktrittsforderungen reißen nicht ab.

Das Erstaunliche daran ist: Es interessiert keinen. Auch als der Minister unter schwerstem Beschuss steht, sind 69 Prozent der Deutschen zufrieden mit ihm.[112] Das ist sein bislang bester Wert, damit liegt er sieben Prozentpunkte vor der Kanzlerin. Umfragen zufolge lehnt sogar ein überwiegender Anteil der Oppositionsanhänger seinen Rücktritt ab. Unter den Grünen sind es 81 Prozent, unter Sozialdemokraten 71 Prozent. Eine zunehmende Anzahl der Befragten wünscht sich zudem für Guttenberg eine »wichtige Rolle«. In der Beliebtheitsskala liegt er im März vor der Kanzlerin. Vor seiner Aussage im Untersuchungsausschuss fällt er zwar in den Charts bei Infratest Dimap mit 55 Prozent auf Platz vier, doch gleich nach seiner Aussage ist er mit 61 Prozent im Mai 2010 wieder auf Platz eins.

Das rührt nicht nur daher, dass die Kundus-Thematik die Deutschen kaum interessiert. Wer da jetzt in der Bewertung des Angriffes wann welche Dokumente vorliegen oder nicht vorliegen hatte, führt den meisten Leuten zu weit. Ohnehin geht laut Emnid die Hälfte der Befragten davon aus, dass der Minister die Öffentlichkeit nicht korrekt über die Bombardierung informiert habe. Aber hier ist wieder der Teflon-Effekt zu beobachten, es scheint sie nicht weiter zu stören. Emnid-Chef Schöppner glaubt sogar, dass die Menschen Guttenbergs öffentliche Korrektur positiv bewerten: »Da ist einer, der einen Fehler offen zugibt, das rechnen die Menschen einem Politiker hoch an«, sagt er. Solche öffentlichen Eingeständnisse sind sie schlicht nicht gewohnt.

Diese Vermutung bestätigt auch der Bürgermeister der Gemeinde Guttenberg, Eugen Hain. Der »KT« könne eben »situationsgerecht« entscheiden, sagt er. »Die eigene Meinung auch mal über Bord zu werfen – das trau ich ihm zu.«[113] Bei jedem anderen Politiker gälte das als Opportunismus. Doch Guttenberg vertrauen die Menschen. Wahrscheinlich wirkt seine Haltung im Fall Opel nach. Damals gestand er eine Niederlage ein, heute ist es sein Fehler in der Bewertung. Das mache ihn glaubwürdig, so Schöppner. Die Leute empfinden, dass er nicht mit Beamtenmentalität seine Position darstellt, sondern dass er seine Position mit seiner ganzen Person verkörpert. Da spielt die stringente Kontinuität der Inhalte keine wichtige Rolle mehr, sondern schlicht die Kontinuität der Person und ihre Präsenz. Auch deshalb habe er die Kundus-Krise unbeschadet überstanden. Und eine solche Krise unbeschadet zu überstehen heiße eigentlich, gestärkt aus ihr hervorzugehen, so Schöppner.

Die Hürde, um die Affäre endgültig hinter sich zu lassen, ist die Aussage des Ministers vor dem Untersuchungsausschuss am 22. April. Sie wird zwei Tage zuvor dadurch entschärft, dass die Bundesanwaltschaft den Luftschlag von Kundus als völkerrechtlich zulässig bewertet. Oberst Klein habe sich nicht strafbar gemacht. In der Begründung heißt es sinngemäß, dass sein Befehl trotz der juristischen Zulässigkeit durchaus politisch als unverhältnismäßig betrachtet werden könne.

Diese Betrachtung bestätigt genau den Spagat, den Guttenberg vollzieht. Auf der einen Seite Klein zu schützen und damit auch das Vertrauen der Truppe vor Ort zu stärken. Auf der anderen Seite die Bombardierung als politisch unangemessen zu bewerten.

Im Ausschuss liest Guttenberg eine eineinhalbstündige Stellungnahme vor, danach wird er noch über sechs Stunden befragt. Guttenberg gesteht ein, dass seine Erstbewertung falsch gewesen sei und er dafür die Verantwortung trage. Er erklärt noch einmal, er habe damit sein Verständnis für das Agieren von Oberst Klein zum Ausdruck bringen wollen. Er erklärt die Umstände der Entlassung von Schneiderhan und Wichert, obwohl die streng genommen gar nicht Gegenstand des Ausschusses sind, der ja die Umstände des Luftschlags aufklären soll. Schon nach den ersten Stunden haben einige Pressevertreter den Ausschuss verlassen. Nach der Berichterstattung am folgenden Tag scheint selbst die Opposition einzusehen, dass aus dem Ausschuss die Luft raus ist.

Ein Untersuchungsausschuss dient normalerweise nur vorgeblich der Aufklärung, ist in Wirklichkeit eine politische Waffe. Er bindet über Monate die Kapazitäten Hunderter Beamter, die Tonnen von Akten darauf prüfen, wem wann welche Informationen vorlagen oder vorliegen hätten müssen. Im Fall Kundus hat der Ausschuss und der ihn begleitende Medienwirbel jedoch tatsächlich den positiven Nebeneffekt gehabt, die Zustände des Einsatzes in Afghanistan an die Öffentlichkeit zu bringen.

Die großen Herausforderungen seiner Amtszeit stehen für Guttenberg noch bevor. Es gilt, eine Abzugsstrategie aus Afghanistan zu entwerfen. Während die Lage im Norden Afghanistans immer gefährlicher wird, wird die Kritik an der Regierung lauter, dass die Soldaten vor Ort zu schlecht ausgestattet seien. Nach jedem Anschlag mit verwundeten oder getöteten Deutschen mehren sich die Stimmen, die sagen, mit besserer Ausrüstung hätte es zu diesen nicht kommen müssen. Bisher hat man den Soldaten schwere Waffen verwehrt, weil sie zu sehr nach Krieg aussehen. Doch die Zeit der Selbsttäuschung, dafür hat auch Guttenberg mit seiner Bezeichnung des Einsatzes als »Krieg« gesorgt, ist vorbei. Das ist ein erster Erfolg seiner Amtszeit. Er hat bereits zusätzliche gepanzerte Fahrzeuge, Panzer sowie zwei Panzerhaubitzen für Afghanistan zugesagt. Auch hat er sich erfolgreich darum bemüht, die rechtliche Situation der Soldaten im Auslandseinsatz zu vereinfachen. Ermittlungen und Prozesse gegen sie sollen nun zentral von einer Stelle aus geführt werden. Durch die Konzentration sollen zügigere und effektivere Verfahren möglich sein.

Nicht minder wichtig ist es für den Minister, den mit zunehmender Anzahl gefallener Soldaten immer unpopulärer werdenden Einsatz in der Öffentlichkeit zu verteidigen. Erste Schritte sind getan. Guttenberg mache das Wort Krieg mit seiner Benennung wieder »gesellschaftsfähig«, so ein Beobachter. Es klinge nicht mehr schmuddelig, sondern nach Anstand und Tugend, Stolz und Ehre. Es gibt wieder Kriegshelden, schreibt *Spiegel Online*. Doch Guttenberg muss auch eine effektive Strategie für den Einsatz und den Abzug finden und diese der Öffentlichkeit gekonnt vermitteln. Es wäre beschönigend, diese Aufgabe eine Herausforderung zu nennen.

Als Guttenbergs persönliche Zäsur im Amt darf sicherlich der Karfreitag 2010 gelten, als drei deutsche Soldaten bei Kundus getötet wurden. Zwei Tage später nahm der Minister erstmals Zinksärge von Gefallenen in Empfang. Anders als die Amerikaner und die Briten haben sich die Deutschen noch nicht daran gewöhnt, dass das Sterben ihrer Soldaten zum Afghanistan-Einsatz dazugehört. Bis zu jenem Karfreitag waren »erst« 22 deutsche Soldaten gewaltsam in Afghanistan umgekommen. Zum Vergleich: Bei den Amerikanern waren es zu diesem Zeitpunkt 751 Gefallene, bei den Briten 188. Seit zehn Monaten hatte Deutschland keinen weiteren Verlust beklagen müssen, da gerät am 2. April eine Patrouille des Fallschirmjägerbataillons 373 in der Nähe von Kundus in einen offenbar gut vorbereiteten Hinterhalt der Taliban. Bei den Feuergefechten werden drei Deutsche getötet, acht weitere teils schwer verletzt.

Guttenberg ist gerade zum Osterurlaub in Südafrika gelandet, als er davon erfährt. Er lässt Frau und Kinder zurück und nimmt den nächsten Flug zurück nach Deutschland, um dabei zu sein, als die Särge den Angehörigen übergeben werden, und um die Verletzten zu besuchen.

Einer der Gefallenen ist nur drei Jahre jünger als der Minister. Zwei von ihnen haben kleine Kinder, die nun als Halbwaisen aufwachsen werden. So wenig Beachtung die Opfer des Afghanistan-Einsatzes bisher in Deutschland gefunden haben, so fixiert ist man nun auf das Schicksal dieser drei Soldaten. Selbst Bundeskanzlerin Angela Merkel, die nicht an der Trauerfeier im niedersächsischen Selsingen, wo das Bataillon stationiert ist, teilnehmen wollte, sagt doch noch zu. Bisher konnte sie es vermeiden, neben Soldatensärgen abgelichtet zu werden. Diese Zeiten sind vorbei.

Doch eine der Trauer angemessene Rede zu halten, das kann sie nicht. Ihre Worte sind eine lange Rechtfertigung des deutschen Engagements am Hindukusch, gerichtet an das Publikum zu Hause. Wenn sie emotional sein will, spricht sie von »gelebter menschlicher Nähe«. Mit dem heiklen K-Wort ist sie vorsichtig: Die meisten Soldaten würden den Einsatz als Bürgerkrieg »oder einfach nur Krieg« bezeichnen. »Ich verstehe das gut.«

Guttenberg ist wieder der Mann für deutliche Worte: »Was wir am Karfreitag bei Kundus erleben mussten, das bezeichnen die meisten verständlicherweise als Krieg. Ich auch.«

Den Angehörigen sagt er, ihre Schmerzen seien auch seine, wenngleich sie nie an die ihren heranreichen könnten. Er »beklagt und beweint« ihren Verlust und ihre Unwiederbringlichkeit. Eine seiner Töchter habe ihn gefragt, ob die drei jungen

Männer tapfere Helden gewesen seien und ob sie stolz auf sie seien dürfe. Er habe beides mit Ja beantwortet. »Ruhet in Frieden, Soldaten!«, schließt Guttenberg, »und seid in Gottes Frieden geborgen.«

Es sei Guttenberg gelungen, mit der notwendigen Anteilnahme eine Rede an die Angehörigen zu halten, schreibt die *Frankfurter Allgemeine Sonntagszeitung*. Nicht einmal die Anekdote mit der Tochter sei »komplett fehl am Platz« gewesen, auch wenn einige Journalisten über zu viel Pathos klagen. Der Minister war sichtlich betroffen. Er muss befürchten, dass es bald mehr Opfer auf deutscher Seite geben wird. Schon zwei Wochen später, als Guttenberg wieder zum Truppenbesuch in Afghanistan ist, fallen weitere vier Soldaten, fünf werden verletzt.

Guttenberg, der schon wieder auf dem Rückweg nach Deutschland in Usbekistan ist, kehrt umgehend nach Afghanistan zurück. Wegen der Aschewolke eines isländischen Vulkans ist der Luftraum über Europa weitgehend gesperrt. Guttenberg fliegt mit den Verwundeten nach Istanbul, begleitet sie bis in ein Krankenhaus. Dann fährt er über Land durch Bulgarien, Rumänien und Ungarn, wo er ein Propellerflugzeug für den Sichtflug nach Deutschland auftreibt. Seine große Delegation ist mittlerweile auf einen BKA-Beamten geschrumpft. Den »Unantastbaren« nennt ihn *Spiegel Online* daraufhin. Sein Krisenmanagement nach dem Tod der Soldaten habe gezeigt, dass er »nicht nur Polit-Party kann, sondern auch den Ernstfall«.

NACHWORT

Dieser ganze Wirbel um Kundus, sagt General James Jones und winkt ab, da müssten die Deutschen jetzt langsam drüber hinwegkommen. »Uns passieren ja auch manchmal unschöne Sachen«, sagt Obamas Sicherheitsberater, »aber jetzt müssen wir doch nach vorne sehen.« In diesem Jahr 2010 werde sich die Zukunft Afghanistans entscheiden, und man brauche Deutschlands Hilfe.

Es ist der erste Abend der Münchner Sicherheitskonferenz. Die Spitzen der amerikanischen Delegation sind wieder zum Abendessen der Deutsch-Amerikanischen Freundschaft ins Restaurant »Käfer« gekommen. Ein Jahr ist vergangen, seit Guttenberg hier seine Rede hielt. Damals kam er in letzter Minute dazu, jetzt ist er der Stargast unter vielen hochkarätigen Persönlichkeiten. Da ist die Begum Inaara Aga Khan, deren Schlauchbootlippen wie eine wissenschaftliche Sensation anmuten, da ist Merkels Regierungssprecher Ulrich Wilhelm und Alexander Dibelius, Deutschlandchef der Bank Goldman Sachs.

Nur Außenminister Guido Westerwelle hat kurzfristig abgesagt. Er soll beleidigt sein, weil Guttenberg bei der Konferenz

zwei Auftritte habe, er selbst hingegen nur einen. Nicht auszu-
denken, wenn Guttenberg nun beim Abendessen mit den Spitzen der US-Delegation noch einmal reden würde, womöglich
spontan auf Englisch. Das erspart sich Westerwelle, der bei den
Amis eh nicht so beliebt ist. »Doch, der ist schon okay«, sagt ein
hochrangiger US-Diplomat gütig über den deutschen Außenminister. »Aber der echte Transatlantiker, einer der wenigen ver-
bleibenden, das ist Guttenberg.«

Der sitzt neben der ehemaligen amerikanischen Außenminis-
terin Madeleine Albright und unterhält sich gut. Der Lärmpegel
im Restaurant ist fast so hoch wie davor, als Demonstranten
lautstark mit Megafonen gegen die Konferenz protestierten. »Ihr
Geschäftspartner«, sagt Gastgeber Wolfgang Seybold in seiner
Tischrede an Albright gewandt, die mit dem ehemaligen deutschen Außenminister Joschka Fischer eine internationale Bera-
tungsgesellschaft betreibt, »der wäre früher da draußen bei den
Chaoten gewesen.« Großes Gelächter unter den Gästen. Dann
bekommt Senator John Kerry sein Fett weg. »Schade, dass das
mit der Präsidentschaft nicht geklappt hat«, sagt Seybold. »Ich
wünschte, ihr hättet mich wählen können«, erwidert Kerry.

Guttenberg scherzt, er habe ja eigentlich gar nicht mehr kommen wollen, schließlich habe er letztes Jahr kurz nach dem Essen seinen Job verloren. Der ehemalige amerikanische Verteidigungsminister William Cohen stellt sich hin und rezitiert
Gedichte. Der Mann, der unter Präsident Bill Clinton die NATO-
Bombardierung des Balkans mitplante, mag William Butler
Yeats. »Think where man's glory most begins and ends, and say
my glory was I had such friends.«

Guttenberg macht sich im Moment kaum Freunde. Gerade
hat er auf dem Weltwirtschaftsgipfel in Davos seinen Nachfolger
im Wirtschaftsministerium Rainer Brüderle geärgert, indem er

zwanzig Spitzenmanager zum Frühstück einlud. Brüderle sagte daraufhin, er lade ja schließlich auch keine Generale zum Essen ein,[114] worauf Guttenberg sagte, es brauche sich keiner zu fühlen wie eine beleidigte Leberwurst. Westerwelle ist sauer, weil Guttenberg ihm den außenpolitischen Glanz nimmt, und auch andere Kollegen fühlen sich von seinen Kompetenzüberschreitungen gelegentlich auf den Schlips getreten.

Auf der Sicherheitskonferenz bezieht er gegenüber der Presse zu jedem Thema Stellung. Ob es nun um Sanktionen gegen Iran geht, was streng genommen ein Thema des Außenministers ist, oder sogar um den Kauf der Steuersünder-CD der Schweizer UBS-Bank, was Thema vieler Ressorts, jedoch nicht das der Verteidigung ist. Ein amerikanischer Korrespondent wundert sich darüber, denn es ist undenkbar, dass sich ein amerikanischer Verteidigungsminister zu Finanzthemen äußern würde. Guttenberg bedient alles. Das ist inhaltlich kein Problem, denn er hat auch auf alles eine Antwort. Nur Freunde macht er sich damit nicht.

Wenn er nun aber in der Politik das ganz große Ding drehen will, dann wird er Freunde brauchen. »Es gibt Wege«, sagte schon Altkanzler Helmut Kohl, »die kann man nicht alleine gehen.« Und der muss es wissen. Was man nicht brauchen kann, ist ein Haufen beleidigter Kollegen, die es so satthaben, vorgeführt zu werden, dass sie immer schon das offene Messer in der Tasche haben. »Guttenberg ist da ein bisschen wie der Klassenprimus«, sagt eine Beobachterin. »Er ist besser als die anderen, aber er macht den Fehler, es sie spüren zu lassen.«

Um den langen Atem für die politischen Top-Jobs zu haben, braucht es noch etwas: den unbedingten Willen zur Macht. Ohne diesen Willen tut man sich den täglichen Kampf an der Spitze nicht an. Hat Guttenberg ihn? »Macht allein kann ich nicht als wirklichen Reiz empfinden«, sagt er in einem Gespräch gegenüber dem Focus. »Mich reizen Aufgaben und die derzeitigen Gestaltungsmöglichkeiten.«[115] Doch aus seiner Zeit im Wirtschaftsministerium berichten erfahrene Mitarbeiter bewundernd über Guttenbergs »ausgeprägten Machtinstinkt«.[116] Den hat er nicht zuletzt auch in der Kundus-Affäre unter Beweis gestellt.

Gerhard Schröder rüttelte als Jungpolitiker am Zaun des Kanzleramts und rief: »Ich will da rein!« Das ist nicht Guttenbergs Stil. »Ich bin immer wieder fasziniert davon, dass es angeblich Leute gibt, die auf solche Positionen bewusst hinarbeiten«, sagt er. »Ich glaube, das ist in unserem Geschäft kaum möglich.«[117] Doch auch wenn der Minister selbst von solchen Spekulationen nichts wissen will, bringen ihn junge Unionspolitiker gerne als Kanzlerkandidaten ins Gespräch. Guttenberg erinnere sie an Knut, den Eisbären, hat die SPD-Politikerin Andrea Nahles mal gesagt: »Den fanden auch alle einen Sommer lang gut.«[118] Doch in Wirklichkeit zweifeln auch seine Kritiker nicht daran, dass er noch lange an der Spitze der Politik mitspielen wird. Seine ungebrochene Beliebtheit ist sein politisches Kapital.

Was hat er damit vor? Nur so viel sei gesagt: Er hat eine Wette laufen, wer die nächsten Kanzlerkandidaten sein werden, und sein Name ist nicht darunter. Aber wir erinnern uns, dass er in seiner Jugend zunächst auch nicht in die CSU eintreten wollte.

ANMERKUNGEN

1 »Warum der Opel-Gipfel als Desaster endete«, *Welt Online*, http://www.welt.de/
wirtschaft/article3818298/Warum-der-Opel-Gipfel-als-Desaster-endete.html,
28. Mai 2009

2 Andreas Rinke/Donata Riedel/Carsten Herz, »Opel: Alle gegen einen im
Kanzleramt«, *Handelsblatt*, 2. Juni 2009

3 Angelika Hellemann/Martin S. Lambeck, »Opel-Schlacht«, *Bild am Sonntag*, 31. Mai
2009

4 Christian Reiermann, »Der Krisengewinnler«, *Der Spiegel*, 28/2009

5 Thorsten Denkler, »Der Herrin neuer Diener«, www.sueddeutsche.de/
politik/115/470660/text/, 2. Juni 2009

6 Angelika Hellemann/Martin S. Lambeck, »Opel-Schlacht«, *Bild am Sonntag*, 31. Mai
2009

7 Andreas Rinke/Donata Riedel/Carsten Herz, »Opel: Alle gegen einen im
Kanzleramt«, *Handelsblatt*, 2. Juni 2009

8 Joachim Peter/Peter Issig, »Ein Guttenberg lässt sich nicht verbiegen«, http://
www.welt.de/politik/article3877811/Ein-Guttenberg-laesst-sich-nicht-
verbiegen.html, 7. Juni 2009

9 Michael Backhaus/Martin S. Lambeck/Walter Mayer, »Liebling Krise«, *Bild am
Sonntag*, 21. Juni 2009

10 Infratest Dimap, »ARD-Deutschlandtrend«, www.infratest-dimap.de/umfragen-
analysen/bundesweit/ard-deutschlandtrend/2009/juni/, 8.–9. Juni 2009

11 Forschungsgruppe Wahlen, »ZDF-Politbarometer«, wahltool.zdf.de/
Politbarometer/mediathekflash.shtml?2009_06_12, 12. Juni 2009

12 Carsten Germis, »Adrett, charmant, schneidig, nichtssagend«, *Frankfurter Allgemeine
Sonntagszeitung*, 8. März 2009

13 Beat Balzli, »Eine Familie geht stiften«, *Der Spiegel*, 41/2009

14 Miriam Koch, »Unser Guttenberg heißt Philipp«, www.format.at/ articles/0941/525/252714/unser-guttenberg-philipp-der-bruder-des-politstars-format-porträt, 8. Dezember 2009

15 Heiner Effern/Annette Ramelsberger, »Er ist ein Delphin im Haifischbecken«, *Süddeutsche Zeitung*, 15. Juli 2009

16 Axel Vornbäumen, »Hauptsache, Haltung!«, *Stern*, 9/2009

17 Katja Auer/Stefan Braun/Olaf Przybilla/Annette Ramelsberger, »Mit der Kraft des Wortes«, *Süddeutsche Zeitung*, 10. Februar 2009

18 Heiner Effern/Annette Ramelsberger, »Er ist ein Delphin im Haifischbecken«, *Süddeutsche Zeitung*, 15. Juli 2009

19 Axel Vornbäumen, »Hauptsache, Haltung!«, *Stern*, 09/2009

20 Constantin Magnis, »Ich habe Heimweh«, Cicero 1/2010

21 Michael Backhaus/Anna von Bayern/Roman Eichinger, »Wir werden für Opel und Schaeffler nicht leichtfertig Steuergeld aufs Spiel setzen«, *Bild am Sonntag*, 1. März 2009

22 Axel Vornbäumen, »Hauptsache, Haltung!«, *Stern*, 9/2009

23 Heiner Effern/Annette Ramelsberger, »Er ist ein Delphin im Haifischbecken«, *Süddeutsche Zeitung*, 15. Juli 2009

24 Georg Paul Hefty, »KT«, *Frankfurter Allgemeine Zeitung*, 25. September 2009

25 Jens Jessen, »Adel macht Eindruck«, *Zeit Online*, http://www.zeit.de/2009/31/ Die-Guttenbergs, 26. Juli 2009

26 Gunnar Schupelius, »Als Guttenberg Erhard stürzte«, *Cicero*, 09/2009

27 Heiner Effern/Annette Ramelsberger, »Er ist ein Delphin im Haifischbecken«, *Süddeutsche Zeitung*, 15. Juli 2009

28 Heiner Effern/Annette Ramelsberger, »Er ist ein Delphin im Haifischbecken«, *Süddeutsche Zeitung*, 15. Juli 2009

29 Miriam Koch, »Unser Guttenberg heißt Philipp«, www.format.at/ articles/0941/525/252714/unser-guttenberg-philipp-der-bruder-des-politstars-format-porträt, 8. Dezember 2009

30 Heiner Effern/Annette Ramelsberger, »Er ist ein Delphin im Haifischbecken«, *Süddeutsche Zeitung*, 15. Juli 2009

31 Jens Jessen, »Adel macht Eindruck«, *Zeit Online*, http://www.zeit.de/2009/31/ Die-Guttenbergs, 26. Juli 2009

32 Tobias Lobe, »Dieser Mann soll unsere Wirtschaft retten«, *Bunte*, 08/2009

33 Gerold Büchner/Daniela Vates, »Wie viel Show braucht die Politik, Herr Guttenberg?«, *Berliner Zeitung*, 12. September 2009

34 Heiner Effern/Annette Ramelsberger, »Er ist ein Delphin im Haifischbecken«, *Süddeutsche Zeitung*, 15. Juli 2009

35 Olaf Przybilla, »Freiherr und Freigeist«, *Süddeutsche Zeitung*, 31. Oktober 2008

36 Gerold Büchner/Daniela Vates, »Wie viel Show braucht die Politik, Herr Guttenberg?«, Berliner Zeitung, 12. September 2009

37 Tobias Lobe, »Ihre Liebe begann auf der Loveparade«, Bunte, 47/ 2008

38 Anna von Bayern/Martin S. Lambeck, » Und plötzlich ist dein Mann Minister«, Bild am Sonntag, 15. Februar 2009

39 Philipp Studnitz, »Vater Guttenberg zu Karl-Theodor«, BZ, 21. November 2009

40 Sabine Kobes, »Ich brauche nicht viel Firlefanz«, Gala, 12. November 2009

41 Anna von Bayern/Martin S. Lambeck, »Und plötzlich ist dein Mann Minister«, Bild am Sonntag, 15. Februar 2009

42 Dagmar von Taube, »Sind Sie die deutsche Angelina Jolie, Frau zu Guttenberg?«, Berliner Morgenpost, 15. November 2009

43 Tobias Lobe, »Ihre Liebe begann auf der Loveparade«, Bunte, 47/ 2008

44 Axel Vornbäumen, »Hauptsache Haltung!«, Stern, 09/2009

45 Tobias Lobe, »Ihre Liebe begann auf der Loveparade«, Bunte, 47/ 2008

46 Axel Vornbäumen, »Hauptsache Haltung!«, Stern, 09/2009

47 Karsten Riechers, »Guttenberg bringt den Festsaal zum Kochen«, http://www.bild.de/BILD/regional/muenchen/aktuell/2009/08/21/wirtschaftsminister-karl-theodor-zu-guttenberg/csu-wahlkampf-auftritt-im-loewenbraeukeller.html, 21. August 2009

48 Ulrich Lechleitner, »Protzner wegen Steueraffäre immer mehr unter Druck«, http://www.welt.de/print-welt/article369111/Protzner_wegen_Steueraffaere_immer_mehr_unter_Druck.html, 17. Januar 2002

49 »Ex-CSU-General am Ende«, http://www.spiegel.de/politik/deutschland/0,1518,188918,00.html, 25. März 2010

50 Tobias Lobe, »Ihre Liebe begann auf der Loveparade«, Bunte, 47/ 2008

51 Karl-Theodor zu Guttenberg/Hans-Ulrich Klose, »Ein einziges Mandat für Afghanistan«, Frankfurter Allgemeine Zeitung, 29. Juni 2007

52 Andreas Rinke/Peter Müller, »Zu Guttenberg: Ein Mann für alle Fälle«, Handelsblatt, 10. Februar 2009

53 Olaf Przybilla, »Freiherr und Freigeist«, Süddeutsche Zeitung, 31. Oktober 2008

54 Harald Jäckel, »Politischer Überflieger mit Bodenhaftung«, Frankenpost, 8. Januar 2010

55 Markus Feldenkirchen/Conny Neumann/Ralf Neukirch, »Der Krieg der Stämme«, Der Spiegel, 41/2008

56 Waltraud Taschner, »Auf dem Teppich bleiben«, Rheinischer Merkur, 6. November 2008

57 Ralf Neukirch, »Samt statt Loden«, Der Spiegel, 45/2008

58 Peter Fahrenholz, »Söder, Guttenberg und der Intrigantenstadl«, http://www.sueddeutsche.de/bayern/180/470725/text/, 3. Juni 2009

59 Peter Fahrenholz, »Söder, Guttenberg und der Intrigantenstadl«,
    http://www.sueddeutsche.de/bayern/180/470725/text/, 3. Juni 2009

60 Philipp Freiherr von Brandenstein, »Stellungnahme zu meiner
    Demissionierung«, http://brandenstein-blog.blogspot.com/2009_06_01_archive.
    html, 16. März 2010

61 Christoph Schwennicke, »Der Gegen-Glos«, *Der Spiegel*, 11/2009

62 Martin S. Lambeck, »Ski fahren und eine Kur«, *Bild am Sonntag*, 15. Februar 2009

63 Joachim Peter/Peter Issig, »Ein Minister von Seehofers Gnaden«, *Berliner Morgenpost*,
    10. Februar 2009

64 Anna von Bayern/Martin S. Lambeck, »Und plötzlich ist dein Mann Minister«,
    Bild am Sonntag, 15. Februar 2009

65 Anna von Bayern/Martin S. Lambeck, »Und plötzlich ist dein Mann Minister«,
    Bild am Sonntag, 15. Februar 2009

66 Axel Vornbäumen, »Hauptsache Haltung!«, *Stern*, 09/1009

67 Karl Doemens, »48 Stunden in Deckung«, *Frankfurter Rundschau*, 10. Februar 2009

68 Katharina Schuler, »Hoffen auf Guttenberg«, *Zeit Online*, http://www.zeit.de/
    online/2009/12/opel-guttenberg-gm-usa, 9. Februar 2009

69 Anna von Bayern/Martin S. Lambeck, »Und plötzlich ist dein Mann Minister«,
    Bild am Sonntag, 15. Februar 2009

70 Anna von Bayern/Martin S. Lambeck, »Und plötzlich ist dein Mann Minister«,
    Bild am Sonntag, 15. Februar 2009

71 Martin S. Lambeck, »Skifahren und eine Kur«, *Bild am Sonntag*, 15. Februar 2009

72 Tobias Lobe, »Dieser Mann soll unsere Wirtschaft retten«, *Bunte*, 08/2009

73 Jens Jessen, »Adel macht Eindruck«, *Die Zeit*, 26. Juli 2009

74 Peter Fahrenholz, »Der Pop-Star aus Bayern«, *Süddeutsche Zeitung*, 22. August 2009

75 Torsten Krauel, »Der demokratische Prinz«, *Die Welt*, 25. Juli 2009

76 Eckart Lohse, »Zu Gast auf dem Olymp«, *Frankfurter Allgemeine Zeitung*,
    12. September 2009

77 Torsten Krauel, »Der demokratische Prinz«, *Die Welt*, 25. Juli 2009

78 Karl-Theodor zu Guttenberg, »Verfassung und Verfassungsvertrag«, Berlin
    2009

79 Axel Vornbäumen, »Hauptsache, Haltung!«, *Stern*, 09/2009

80 Andreas Hoffmann/Axel Vornbäumen, »Karl-Theodor zu Guttenberg«, *Stern*,
    19/2009

81 Nikolaus Blome, »Wie gut ist Guttenberg?«, *Bild*, 18. März 2009

82 Thomas Öchsner, »Atemlos in Amerika«, *Süddeutsche Zeitung*, 18. März 2009

83 Annette Ramelsberger/Mike Szymanski, »Quelle-Rettung entzweit Seehofer und
    Guttenberg«, *Süddeutsche Zeitung*, 26. Juni 2009

84 Michael Backhaus/Anna von Bayern, »Quelle hat eine Chance verdient«, *Bild am
    Sonntag*, 28. Juni 2009

85   René Pfister, »Der Faktor Neid«, Der Spiegel, 32/2009

86   Stefan Braun, »Der Stimmungsmacher«, Süddeutsche Zeitung, 23. September 2009

87   Ralf Neukirch, »Starke Phrasen«, Der Spiegel, 37/2009

88   Christian Kynast/Pablo Silalahi, »Aufsteiger, Absteiger«, Bild am Sonntag, 2. August 2009

89   Petra Pinzler/Patrik Schwarz, »Es kommt auch wieder anders«, Die Zeit, 33/2009

90   Michael Backhaus/Martin S. Lambeck/Walter Mayer, »Liebling Krise«, Bild, 21. Juni 2009

91   René Pfister, »Der Faktor Neid«, Der Spiegel, 32/2009

92   Patrick Bahners, »Ha, ha, ha, ha, ha, welch ein Augenblick«, Frankfurter Allgemeine Zeitung, 12. September 2009

93   Kassian Stroh, »Die drei aus dem Bierzelt«, Süddeutsche Zeitung, 7. September 2009

94   René Pfister, »Der Faktor Neid«, Der Spiegel, 3. August 2009

95   Peter Müller, »Zu Guttenberg und der Futterneid im Bierzelt«, Handelsblatt, 5. August 2009

96   Peter Müller, »Zu Guttenberg und der Futterneid im Bierzelt«, Handelsblatt, 5. August 2009

97   Ralf Neukirch, »Starke Phrasen«, Der Spiegel, 37/2009

98   Petra Pinzler/Patrik Schwarz, »Es kommt auch wieder anders«, Die Zeit, 33/2009

99   Karl Doemens, »Guttenberg eint Genossen und Gewerkschafter«, Frankfurter Rundschau, 17. August 2009

100 Petra Pluwatsch, »Popstar der Marktplätze«, Frankfurter Rundschau, 20. August 2009

101 Tobias Lobe, »Herr Guttenberg, können sie auch über Wasser laufen?«, Bunte, 34/2009

102 Peter Müller, »Zu Guttenberg und der Futterneid im Bierzelt«, Handelsblatt, 5. September 2009

103 René Pfister, »Adel vernichtet«, Der Spiegel, 42/2009

104 René Pfister, »Adel vernichtet«, Der Spiegel, 42/2009

105 Timo Pache/Nikolai Fichtner/Claudia Kade, »Superressort für den Superstar«, Financial Times Deutschland, 12. Oktober 2009

106 René Pfister, »Adel vernichtet«, Der Spiegel, 42/2009

107 Michael Backhaus, »Warum werden Sie Verteidigungsminister?«, Bild am Sonntag, 25. Oktober 2009

108 Hans-Ulrich Jörges, »Der Baron, der gelegt wurde«, Stern, 45/2009

109 Nikolaus Blome/Jan Meyer, »Ich verstehe jeden, der sagt, in Afghanistan ist Krieg«, Bild, 2. November 2009

110 Das besagte Foto ist eines des DDP-Cheffotografen Michael Kappeler. Kurt Sagatz, »Das Licht war Glückssache«, Der Tagesspiegel, 16. November 2009

111 Jan Meyer/Julian Reichelt, »Das streng geheime Bomben-Video der Bundeswehr«, Bild, 26. November 2009

112 Infratest Dimap, »ARD-Deutschlandtrend«, www.tagesschau.de/inland/
deutschlandtrend/deutschlandtrend950.html, 3. Dezember 2009

113 Tina Hildebrandt, »Der Volksbaron«, Die Zeit, 12/2010

114 Michael Backhaus/Martin S. Lambeck/Burkhard Uhlenbroich, »Liebe Regierung,
heute gibt's das Hundert-Tage-Zeugnis«, Bild am Sonntag, 31. Januar 2010

115 Michael Hilbig/Kayhan Özgenc/Cordula Tutt, »Ich habe kein kaltes Herz«, Focus,
27/2009

116 Axel Vornbäumen, »Der Überflieger«, Stern, 29/2009

117 Gerold Büchner/Daniela Vates, »Wie viel Show braucht die Politik,
Herr Guttenberg?«, Berliner Zeitung, 12. September 2009

118 Robin Alexander, »Der Baron und die Rote«, Welt am Sonntag, 27. September 2009

DANK

Mein herzlicher Dank für ihre Hilfe in Rat und Tat bei der Entstehung dieses Buches gilt:

Michael Backhaus, Kay Blohm, Desmond Butler, Dr. Rebekka Göpfert, Freiherr Enoch zu Guttenberg, Jürgen Horbach, Moritz Kienast, Alexander Kudlich, Martin S. Lambeck, Freiin Caroline von Linsingen, Walter Mayer, Jan Meyer, Prof. Dr. Armin Nassehi, Gräfin Tamara von Nayhauß, Paul Ronzheimer, Julian Reichelt, Klaus-Peter Schöppner, Dr. Dominik Wichmann, Franziska Winkler und natürlich Niels Starnick, nicht nur für die tollen Fotos.

Danke an meine Eltern, Prinzessin Yvonne und Prinz Ludwig-Ferdinand zu Sayn-Wittgenstein, Mormor Gräfin Anna Wachtmeister und meine Schwiegereltern, Prinzessin Ursula und Prinz Leopold von Bayern für die geradezu maßlose Unterstützung.

Ganz besonders möchte ich mich auch bei Freifrau Stephanie und Bundesminister Dr. Karl-Theodor Freiherr zu Guttenberg für die Möglichkeit bedanken, sie häufig zu begleiten.

Dieses Buch ist für den schönsten Leopold der Welt und die klitzekleine Alva, meine Koautorin.

Und natürlich vor allem für Manuel. Danke für Deine unendliche Geduld. Danke, dass Du mich (er)trägst.

Weitere Titel
von Fackelträger

Fackelträger

Die Ära Stoiber: Triumph und Niederlage, Leistungen und Fehler

Rudolf Erhard
Edmund Stoiber
Aufstieg und Fall
Gebunden mit
Schutzumschlag
224 Seiten
Format: 14 x 21,5 cm
ISBN: 978-3-7716-4385-0
€ 19,95 [D] / € 20,60 [A] /
sFr 34,50

Edmund Stoiber zählt zu den bedeutendsten bayerischen Politikern nach 1945. Er war einer der engsten Weggefährten von Franz Josef Strauß, CSU-Generalsekretär, Innenminister und 14 Jahre lang Ministerpräsident. Im Bundestagswahlkampf 2002 scheiterte er als konservativer Spitzenkandidat nur knapp. Sein abrupter Rückzieher vom Amt des Bundeswirtschaftsministers nach der Wahl 2005 gibt bis heute Rätsel auf, die Erhard durch intensive Recherche zum großen Teil lösen kann.

»Seit 25 Jahren Landtagskorrespondent des *Bayerischen Rundfunks* kennt Erhard viele Geschichten und ist bekannt mit unzähligen Protagonisten. Dieses Insiderwissen kommt seiner Bilanz der politischen Laufbahn Edmund Stoibers mehr als zugute.«

Michael Weigl, Bayerische Staatszeitung

Fackelträger

Mehr als 50 000 verkaufte Exemplare

Wilhelm Schlötterer
Macht und Missbrauch
Franz Josef Strauß
und seine Nachfolger
Aufzeichnungen eines
Ministerialbeamten
Gebunden,
mit Schutzumschlag
416 Seiten
Format: 14 x 21,5 cm
ISBN: 978-3-7716-4434-5
€ 22,95 [D]/€ 23,60 [A]/
sFr 39,90

»Spannend wie ein Polit-Thriller!«   *Gong*

»Die Gesamtschau der in Schlötterers Buch gelisteten
Verfehlungen von Strauß – und dessen Nachfolger Streibl
und Stoiber – ist erschreckend ... Die spannende Lektüre –
halb Bayern liest das Buch gegenwärtig – macht es zwingend
notwendig, das Kapitel Strauß vollständig neu
aufzuarbeiten.«
Rheinischer Merkur

»So spannend kann die Autobiografie eines
Finanzbeamten sein.«
Die Zeit

Fackelträger

»Interessanter als der Baader-Meinhof-Komplex«
Ferdinand von Schirach,
Frankfurter Allgemeine Sonntagszeitung

Martin Block / Birgit Schulz
Die Anwälte
Eine deutsche Geschichte
Gebunden,
mit Schutzumschlag
320 Seiten, 60 Abbildungen
Format: 14 x 21,5 cm
ISBN: 978-3-7716-4456-7
€ 19,95

Anfang der 1970er-Jahre kämpfen drei linke Anwälte gegen die BRD als restriktiven Staat. Vor Gericht verteidigen sie Menschen, die als Staatsfeinde gelten. Heute ist der eine SPD-Bundesinnenminister a. D., der andere das linke Gewissen der Grünen im Bundestag, der dritte einer der Anführer der rechten Szene und verurteilter Holocaust-Leugner: Otto Schily, Hans-Christian Ströbele und Horst Mahler. Dieses Buch zeichnet die Biografien der drei Männer nach, zeigt, welche politischen Ideale sie verbunden haben und an welchen Punkten sie ganz unterschiedliche Wege gegangen sind, um am Ende gar Gegner zu werden.

Fackelträger

»Wir bauen hier keine Schulen, wir kämpfen um unser Leben.«

Julian Reichelt / Jan Meyer
Ruhet in Frieden, Soldaten!
Wie Politik und Bundeswehr
die Wahrheit über
Afghanistan vertuschten
Klappenbroschur
224 Seiten
Format: 14 x 21,5 cm
ISBN: 978-3-7716-4466-6
€ 16,95

Vorbei die Mär von der friedensstiftenden Mission am Hindukusch. Miserabel ausgerüstet, ungenügend auf den Kriegseinsatz vorbereitet, ohne Kenntnisse von Mensch und Kultur, von den Alliierten verlacht – diese Wahrheiten wurden über Jahre vertuscht. Um den Schein zu wahren, werden für einen Besuch der Kanzlerin schon mal afghanische Mädchen in eine Schule gekarrt. Julian Reichelt und Jan Meyer berichten aus erster Hand von dem skandalösen Scheitern von Politik und Bundeswehr – und davon, wie das Leben der deutschen Soldaten leichtfertig aufs Spiel gesetzt wird.

Fackelträger

Noch sieht er nicht aus wie der Gewinner: Bundeswirtschaftsminister Karl-Theodor zu Guttenberg mit Finanzminister Peer Steinbrück und Hessens Ministerpräsident Roland Koch nach dem Opel-Gipfel im Kanzleramt am 30. Mai 2009 um zwei Uhr früh.

90 Quadratmeter Macht: Der Bundeswirtschaftsminister in seinem Büro in der Berliner Scharnhorststraße im August 2009.

Wirtschaftsminister zu Guttenberg wird am 25. April 2009 am Flughafen von Tripolis/Libyen in der VIP-Lounge empfangen.

Guttenberg mit einem Tretroller unterwegs im Firmengebäude des Textilherstellers MAC Mode im oberpfälzischen Dorf Wald/Roßbach, August 2009.

Am 17. März 2009 entsteht dieses Bild während Guttenbergs Antrittsbesuch als Wirtschafts-minister in den USA auf dem New Yorker Times Square. Guttenbergs Geste wird in den deutschen Medien kritisiert.

Stephanie und Karl-Theodor zu Guttenberg werden auf dem Igensdorfer Marktfest im Wahlkampf 2009 begrüßt. 2500 Menschen sind gekommen, um die gleich folgende Rede des Ministers hier zu hören.

Frisch gewählt ist halb gewonnen: Nach dem Urnengang zur Bundestagswahl am 27. September 2009 im Guttenberger Gemeindehaus läuft das Ehepaar Guttenberg mit den Kindern nach Hause.

Karl-Theodor und Stephanie zu Gast bei Thomas Gottschalks Wetten, dass..? im Oktober 2009.

Karl-Theodor und Stephanie zu Guttenberg mit Vater Enoch und dessen Frau Ljubka nach einem Benefizkonzert für den Verein »Innocence in Danger« im November 2009.

Der Bundesverteidigungsminister an seinem Schreibtisch im Bendlerblock.

Der Verteidigungsminister verabschiedet im März 2010 in Bad Reichenhall rund 800 Soldaten in den Auslandseinsatz – es geht in den Kosovo, nach Bosnien-Herzegowina und vor allem nach Afghanistan.

Nach kaum zwei Wochen im Amt tritt Guttenberg im November 2009 seine erste Afghanistanreise an.

Knapp ein halbes Jahr später spricht Guttenberg an den Särgen von drei in Afghanistan gefallenen Soldaten.

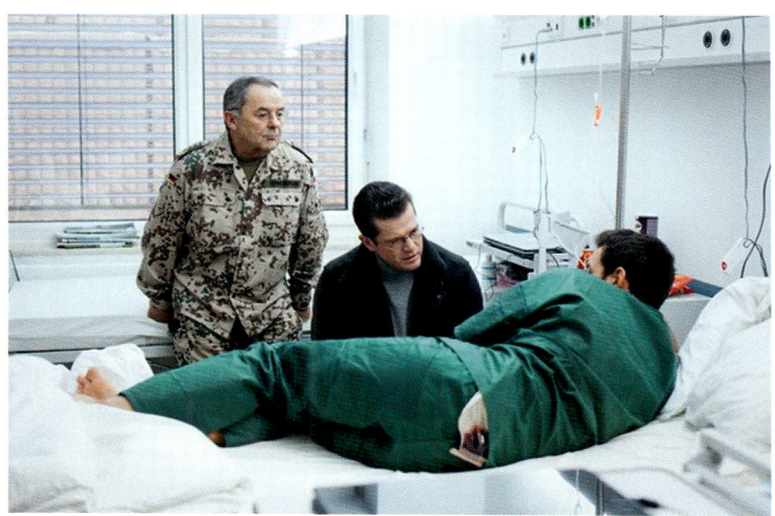

Guttenberg und Generalinspekteur Wolfgang Schneiderhan, den er wenige Wochen später im Zuge der Kundus-Affäre von seinen Aufgaben entbinden wird, besuchen im November 2009 im Lazarett in Kundus einen verwundeten deutschen Soldaten.

Legt AC/DC auf: Guttenberg als DJ auf einer Wahlkampfveranstaltung im September 2009.
Das T-Shirt mit der Aufschrift »KrisenbewälTiger« bekam er von der Jungen Union geschenkt.

Mit ernster Miene: Der Verteidigungsminister Guttenberg im Bundestag am 10. Februar 2010.
Das Parlament berät über ein neues Mandat für den Einsatz der Bundeswehr am Hindukusch.